What Great Teachers Do Differently
19 Things That Matter Most

優秀老師「大不同」

成為A⁺老師必須知道的19件事

陶德．威塔克（Todd Whitaker）◎著
張家綺◎譯

木馬文化

■推薦序

期盼學生做到的，自己先樹立榜樣

《優秀老師大不同》是教育現場暢銷作家陶德．威塔克（Todd Whitaker）所著，這位作者曾經是體育教練、國中小老師、校長，目前是大學教授。這樣完整而豐富的教職資歷讓他右手實務，左手理論，也使得本書頗具說服力。讀者若先讀了全書最末條列的「必須知道的19件事」，可能會認為這些教條不過老生常談，因而放棄閱讀全書，然而，這絕對會是個損失！

書中有許多醍醐灌頂的例子發人深省。舉例來說：若一位老師常說：「跟你（指學生）說過幾十遍了，你都不改！」其實這種行為也直指老師有著「只會說」的習慣，那麼這位老師是否也該改一改呢？又例如，有位駕駛在高速公路上超速被警察攔下，這時他會對警察表達友善還是憤怒無理的態度？相信多數駕駛都會為了避免被罰款，而選擇表示友善吧？同理，老師也要為了自己教學更有成效、課堂管理能更輕鬆的緣故，友善地對待學生。書中許多諸如此類的思考，提供了老師看待事情不同的觀點，也讓班級經營因此變得容易許多。

若我可以簡化這19件事，那麼所歸納出來的原則便是：期盼學生做到的，自己先樹立榜樣，這也就標榜了老師所在乎的樣子。至於方法，我會以書中列舉讚美學生的幾個原則為重點：讚美

必須是真實、具體、即時、動機單純，而且是私底下的給予。

「真實」是指針對實際發生的事給予讚美；「具體」是指針對明確事件給予回應；「即時」是指當下就是讚美的最好時機，「動機單純」是說，讚美必須是真心回應，而不是為了獲得其他回報；「私底下的」意思是，讚美的目的只是為了要給予這位學生鼓勵，而不是做給其他人看的。讚美學生是不永遠嫌少的，只要不吝於點個頭、微笑一下，都是種讚美。

闔上書，想到學生在教室裡張大眼睛看著老師。若老師在乎教育這份艱辛卻偉大的志業，天天都帶著微笑進教室，肯定自己為學生所做的事，也能帶著微笑離開教室，那麼課堂上的整體氛圍必然幡然轉變，相信學生們也必定會為這些改變——按個「讚」！

美國華盛頓大學教育心理博士
柯華葳

■推薦序

教育的真諦

《優秀老師大不同》是一本指導如何成為「高效能優秀教師」的教育工具書。作者幾乎把嚴肅的心理學、教育理念、課堂管理技巧均化為家常與生動的故事，娓娓道出師生互動的真情、特質與技巧，此外，他也透過深厚的學養，以及在教學、心理諮商、教師領導、學校績效方面的經驗，夾雜了自我省思和親身體驗，寫就了這本內容豐富又極具啟發性的書。它給了我們許多活生生的素材和智慧，讓我們讀完之後，也產生許多反省和共鳴。

我想老師們在剛進校園教書時都充滿熱情，不論是面對學生或教育界的發展，都懷抱著使命感，但不得不面對的成績與升學壓力，讓當年研發出來的各式創意教材教法都漸漸被吞噬。成績取向的升學壓力不僅抑制學生的創造力，也往往將老師的理想抹滅。現在，隨著十二年國教的推動，轉機慢慢出現，該是我們改變的時候了！

「教學」應先從「學教」開始。教學不是依著一致的進度而行、循著固定的目標而走、本著書本的框架經營班級，而是要回歸教育本質，讓每位學生成為學習的主體，讓「高成效的教學」成為教師自我價值的最高酬賞，也讓教師不再以言者諄諄為名，而是以開發潛能、同步成長的

「教練」為要。

很多老師的期待，是希望有足夠的時間、精力、方法來「傳道、授業、解惑」與經營班級，而本書中的案例也可以一舉解決相關的難題。只要我們把作者獨到的信念與方法，深植於個人的教育理念與教學技巧中，也就是：揮灑教學熱情，把焦點放在孩子身上，用自己希望被教的方式教學，那麼就可以帶給教師開悟的能量：教育可以不一樣，我們一定可以「照亮孩子們的心，給他們希望和活力，讓他們體會學習的自然喜悅，讓他們依自己的根性因緣，活出自己的人生、實現自己的潛能」！

總地來說，《優秀老師大不同》一書創造了一種強調領導、溝通、尊重、秩序的氛圍，藉著教導學生自制、自足、自信的能力，讓學生學習生活必備的技能，也學習自己打開未來的大門。這本書關乎當今的年輕孩子，也關乎我們的未來，但願它成為臺灣教育的祝福，無論您是一位關心孩子發展的家長、一位專業的教育工作者，或是一位眼光長遠的企業家，我深信您會發覺這本書就像一口讓人精神一振的新鮮空氣、一個值得慶幸的理由，以及一個強烈的行動召喚。

臺北市力行國小前校長

蔡秀媛

■推薦序

怎樣算是一位好老師

我不知道怎樣算是一位好老師。

那天，一個女孩回校看我：「老師，記得我嗎？」教過的學生太多，最怕學生如此「拷」問我。

「但是我一直記得您啊！」

「那年我們的導師考上主任，您代了我們班兩個月的數學課。」是嗎？那麼遙遠的事，記憶實在有點模糊了。

「有一次發數學考卷，數學一向不好的我，搞不懂分數的通分、擴分，整張考卷寫下來，題題都錯了。但是考卷發下來時，上面沒有打分數。」女孩靦腆地說著。

「那時您當著大家的面說：『有一位小朋友顯然還沒弄懂，但是她每一題都寫了。雖然答案都錯，但是堅持不放棄的心卻是滿分！』我知道老師是在講我，而且老師讓我全部訂正後再考一次，最後還是給我60分！」

「謝謝您，老師！雖然我數學還是不好，但是因為您，我從沒想過要放棄！」

真的，我不知道怎樣算是一位好老師。不過我知道學生不會記得老師教了多少知識，但他們會牢牢記得你對他們的關愛！

本書作者寫道：「教育的重點永遠是人，不是方案。」是的，這就是這些年來教改爭議不斷，老是改不到核心的癥結所在！一定會有人批評：考幾分就該給幾分，讓上述那位女孩及格很不公平！但是作者說：「好老師客觀看待標準化的考試。他們關注學生真實遭遇到的學習問題。」作者的想法真是與我心有戚戚焉啊！

這本《優秀老師大不同》，不標榜艱澀、高調的學說理論，沒有華麗、不切實際的口號，而是傳授務實的目標與技巧，帶領大家窺見優秀教師的全新樣貌。這本書值得每個老師花一個星期天的上午，好好的研讀，就如作者書中所揭示的：「好老師對學生的期望很高，對自己期望更高！」

《老師的10個對不起》作者／南投縣光華國小老師

簡世明

■推薦序

成為優秀老師，從願意開始改變做起

身為教育現場的第一線國小老師，看到木馬文化出版了這本《優秀老師大不同》，心裡十分的驚喜。

我和作者陶德．威塔克教授一樣，長期以來對於「教師成長」這個議題十分感興趣。我的內心總是有個聲音：究竟什麼才是觸發老師們轉變的關鍵？威塔克教授根據多年擔任教師、校長、輔導多所學校的豐富經驗，並引用許多教育相關研究，提醒了我們：教育的重點永遠是人，而不是方案；我們應該讓所有老師，向最優秀的老師看齊。

翻開這本書的每一頁，我都會一邊思索作者的觀點、一邊檢視自己的教學信念，其中有幾招課程管理術的方法，相當令人印象深刻。例如：威塔克教授直指：「好老師對學生期待很高，對自己的期望更高。」事實上，每位大人都會對孩子抱持著高期待，不管是老師或家長皆然。然而，一位好老師和不好老師的差別，卻在於好老師會反過來對自己有更高的期待。也是因為這種對自我的高期待，讓老師不斷捫心自問：接下來呢？我是不是做得不夠多？還有什麼方法能夠幫助我手上的孩子呢？……接著好老師會被激盪出更強烈的動機與熱情，創造出更多方法來幫助孩

子達成高成就；而不只是站在一旁，雙手環抱胸前，不斷對孩子批評、生悶氣。

「好老師會在課堂和校內營造正面積極的氣氛。他們尊重每一個人，尤其明白讚美的魔力。」是呀！就如同書中內容指出：「有太多事情可以讓老師情緒低落，包括令人沮喪的家長、製造麻煩的學生、有限的資源……；教書已經夠辛苦了，抱怨能讓我們當下感覺良好，但並不能讓工作更順利。當負面情緒蔓延，工作只會變得更加艱辛。」所以我們能做、也應該做的，是停止負面批評的習慣，先聚焦在學生身上，將他們放在優先位置。如此就能保有正向的思考，也會讓我們的工作每天都充滿了活力的期待感。

書中提到一個很感人的故事：威塔克教授在擔任國中校長期間，認養了一間學校的身心障礙學前班。全校師生為這些身心障礙的小朋友公開募款，為他們購買了手套、帽子和校徽運動衫，甚至製作賀卡、烤餅乾、包裝禮物、上演賀歲小喜劇……，當全校一起觀看這場派對的實況錄影帶時，禮堂裡的每位師生全都紅了眼眶。更酷的是，當影片播畢後，舞台簾幕拉開，學前班的特殊朋友們也一齊現身，身著該校的運動衫，對著全校師生唱著聖誕快樂歌曲。禮堂裡每個人都忘不了這動人的一幕，包括我自己讀到這段文字時，眼眶裡也不禁泛著淚光。

這就是教育的真正價值。「一旦創造出在乎很酷的環境，就不會做出錯誤的決定。」回顧過往，每回當我和班上孩子創造出很不一樣的學習情境時，孩子臉上會洋溢著在乎的學習光采。那

種「我們真的好酷」的神情，不但讓他們更加投入學習情境之中；也讓身為老師的我，一直感受到來自教學中源源不絕的樂趣與感動！

老師，並不是難以改變的族群；老師們其實需要的是更為具體、更容易實踐的典範行為。這本書正是一本只講實務不談高調、讓我們有機會重新檢視自己教學信念的好書。每位老師都能當一位優秀老師，就從「願意開始改變」做起吧！

國小老師、親子專欄作家
蘇明進

目次

初版前言

任何老師都可以在書架上塞滿教育類書籍，或逐條研讀指導方針、標準、原則與理論。在大學和研究所課程的考試中，高成效和低成效的老師同樣可以拿到高分，所以差別不在於他們知道些什麼，而在於他們**都怎麼做**。

本書闡明是哪些與眾不同的作法，可以養成一位高成效的好老師，最重要的是，如果我們能弄清楚這些優秀教育工作者的行為準則，也願意跟著實踐，一定可以加入他們的行列。

本書的用意不在於規範一套狹隘的指導準則，而是從優秀老師的角度為學校取景。好老師是如何看待課堂和教室裡的學生？他們把注意力放在什麼地方？他們如何運用時間和精力？是什麼引導他們作出正確的決定？我們要怎麼達到相同的優勢？

這些問題並沒有固定答案；如果真的有，那我們一定老早就知道了。教育是異常複雜的課題，課堂教學亦然，不過話雖如此，我們還是可以設法瞭解優秀老師都在做些什麼事。身為教育工作者，我們可以檢視我們的工作成效有多高，最重要的是，我們必須持續提升自我技巧。優秀教師們有一個共通點：**無論做得多好，都希望變得更好**。

本書從三個不同的角度出發。其一，我參與過許多有關校長績效的研究，每項結論都是根據

參觀高成效和低成效的學校而得來。在每一所學校中，我見過各式各樣的老師，有些較優秀，有些則略微遜色，較好的學校擁有優秀教師的比例也較高。我對這些老師是怎麼變得如此優秀深感好奇。其次，每年我都會在超過五十間學校中擔任顧問。經過多年的觀察及探訪教師、校長、學生、教職人員的經驗，我對養成一位成功教師的態度與行為有了深刻的認識。第三個因素相當個人：我從自身作為教師與校長的經驗作為基礎來撰寫本書。我希望探討是哪些因素造就了這些優秀的老師？又是哪些因素，讓其他老師無法像他們一樣優秀？

關於這些問題，過去幾年來我在教師與教育工作者的會議上都曾試圖提出一些解答。另外，我也將想法收錄在一本名為《優秀校長大不同》（*What Great Principals Do Differently*）的指南中。我發現，優秀校長和優秀教師具備了許多相同的特質——這麼說是有道理的：想成為一名優秀校長，多少得先成為一名優秀老師，而要成為一名優秀老師，多少得先成為一名好的領導者。經常有教育工作者邀請我去他們的學校或社區，與他們的老師分享經驗，而老師們則要求我撰寫同系列的另一本指南，說明校長和教師的角色差異。為了向這些優秀老師致意，本書應運而生。

這二百多頁的文字並未提及優良教學的所有面向，想瞭解課程發展、教學取向、評分指標、指導方針等教學工具的讀者，得在別處另尋協助。本書的章節內涵聚焦於信念與行為、態度與互動，這些都是形成課堂與學校生活的結構。學習的行為可以是單獨進行，但教學成效卻得發揮於

人群之間，有效的教學需要「社群技巧」，而最優秀的老師則能每一天都展現出完美的社群技巧。

本書的內容架構簡明扼要，首章先闡述向最優秀老師看齊的重要性，書末期許讀者釐清於自身的核心信念，而至於其間各章節，則分別說明優秀老師與眾不同的課堂管理技巧。我們每個人都可以做到書中所描述的每件事——而這些事，就是好老師會做的事。

二版前言

我很榮幸能撰寫《優秀老師大不同》的第二版，在完成《優秀校長大不同》之後，很多人邀我為老師們也寫一本同類型的指南，雖然有些遲疑，我還是著手寫就了本書，也獲得廣大的迴響。當我應邀到某些學校向老師們分享本書時，我看見走廊布告欄貼滿了「十四件最重要的事」標語，此外，校方還製作書籤、設計磁鐵和海報——甚至有人送糖果給老師，精美的包裝紙上標記了書中提到的每個概念，著實讓人感到欣慰。我也聽說有人開始討論這本書，有些老師會在會議上分享一些段落章節的心得，或在同儕間互相傳授經驗，這些都是我始料未及的。顯然已經有許多教育工作者讀過此書，不過，最讓我感到歡欣鼓舞的，是有這麼多老師認真看待本書。

教育是份苦差事，不但工時長，所面臨的挑戰也可能教人渾身緊繃。每當有優秀的老師告訴我，有人能提醒他們自己的工作是如此重要，對他們來說意義重大時，我都會感到驕傲不已。當我描述優秀教師要怎麼設立高期許、以尊重的態度對待每個人、使「在乎」變得很酷時，有些老師可能會感到不自在，但能聽見最優秀的老師說：「我就知道那樣做是對的！我就知道！」讓我的心裡不禁湧起一股暖流。

有時人們會說，好老師與好校長具有某些相同特質，我總是這樣回答：「我也這麼期盼！」

優秀的老師的確具備成為傑出領導者的潛力，而我們也可以預期，他們之中的許多人會在生涯的某個階段成為傑出的領導者。

在上百間學校與無數的老師共事，讓我有機會深入探究：什麼事是優秀老師會做而其他老師不做的？這其間的差異比我當初以為的還要巨大，因此本書的第二版新增了三個章節。

首先是「好老師會一直關注學生」這個概念。這一點雖然很多人會在想到時隨口說說，但真正優秀的人卻會在最麻煩且複雜的現實狀況中實踐。我們都知道，學校應該以學生為優先，其次才關注學生以外的其他人——而最優秀的老師每一天都會以這個原則作為他們的行為典範。

另外，優秀老師能從學生的觀點看待事情。他們具備一種罕見的能力，可以設身處地為每個學生著想，也十分清楚知道他人如何看待自己。

會新增第三個章節幾乎是靈機一動的想法，這個道理說來簡單，做起來卻很困難：好老師會說到做到。他們會選擇在什麼時候、用什麼方式處理課堂上的突發狀況，以達到預期的效果。

在整本書中，我特別突顯出優秀教師與不優秀教師的對比，然而事實上，大多數老師都介於兩者之間，而且努力的追求進步。在此藉由《優秀老師大不同》二版的付梓，我也向那些力求優秀的老師們致敬。

三版前言

哇，居然更新到三版，這種感覺真的很不可思議。我必須感謝所有讀過《優秀老師大不同》的教育工作者，更要謝謝他們每天實踐我所說的話，這令我感到謙卑，我希望自己能為學生和學習環境促成正面影響。

寫作的目標之一就是留下永恆不變的事物。說到當下潮流，教育通常不缺席，我則是盡可能不跟風。太多「熱潮」很快就退燒，到了未來甚至遭人嗤之以鼻。優秀老師之所以能有高績效，是因為他們持續不斷做著重要的事，有可能選擇讓學生採取自由座位，也可能不這麼做。無論如何，他們的核心不變。正因為考量到這一點，我試著思考哪些方面永遠是必要的，而優秀老師似乎也掌握到重點。這就是為何我會針對改善學生行為增加兩章。

教育現正面臨的兩大問題交互影響，也成為三版新增素材的重點。首先，學生踏進教室和課堂時的情緒問題，教育工作者可以說是再清楚不過，而這些問題通常演變成課堂上的不守規矩。難搞行徑似乎越來越嚴重，一進入教室就需要我們關注的學生也跟著倍數成長。

再者，教師道德淪喪、一再強調學測重要性的政府規定、攻擊教育工作者的輿論，可說是一部分原因，然而搞不定學生行為也是一大要素。由於這兩大問題交互影響，我對這方面的興趣也

更濃了。

我和兩個女兒合著了兩本書——《教職第一年》（*Your Firat Year, 2016*）和《從零開始的課堂管理學》（*Classroom Management from the Ground Up, 2019*）要大家重新關注學生行為問題。透過相關研究和演說，我們發現優秀老師會貫徹執行的事，其他老師則斷斷續續或很少貫徹到底。而第三版似乎是分享這則資訊的理想版本。

第三版第六章的重點是教學優於建立關係。雖然主流社群媒體聲聲推廣，教育中首重師生關係，可是我們心知肚明，優秀老師對教學的重要性了解更深廣。第二個新增的第七章探討的是選對模式。我書中有關學生管理的重點，著墨的就是優秀老師都懂或是早已套用的概念。無論懂不懂抑或是否已經套用，這都是有效教學（以及教養）的重要元素。

我想要感謝每一位教育工作者改變了這麼多學生的生命。我們選擇了這個無時無刻影響年輕人的行業，是重大責任，也是難能可貴的機會。我總覺得身為教育工作者的我們很幸運，可以去做真正重要的事。要是當初選擇別的行業，現在我們的人生就不可能這麼精采。教育工作者困難重重，偶爾讓人喘不過氣，可是沒有你們的努力和影響，就不可能有這麼多學生成長。

你們的學生也很幸運，畢竟你們選了一個可以滋養他們每一天的工作。他們永遠不會忘記你們，老師對學生的影響力將會延續一生。謝謝你們的付出與關愛，造就了如此多的改變。希望這

本書可以成為你們在教學路上的資源。我很榮幸自己多多少少能夠引導你們的教學工作，請切記，說到教育，最棒的就是你們在做一件很重要的事，而教育最困難的，就在於每一天都很重要。由衷感謝你們願意帶動改變——用你們生命的每一天。

關於作者

陶德・威塔克（Todd Whitaker）可說是將畢生熱情與他所致力的教育志業結合得相得益彰。他的演說傳達了教育的重要性，並在全球無數的教育工作者之間引起廣大迴響。威塔克教授目前任職於密蘇里大學教育領導和政策分析系所，同時亦為該校的榮譽教授。他對教育事業充滿熱誠，並長期致力於高成效老師與校長的主題研究。

他在早期的教職生涯中，擔任過數學老師、籃球教練，並歷任密蘇里州的國、高中校長，也曾擔任中學的校方協調專員，負責管理職員、課程，並指導校方成立一所全新中學的技術。

在激勵員工、教師領導和校長績效的相關領域，威塔克教授是美國的頂尖權威之一，至今著作超過二十本，包括《優秀校長大不同》（以下暫譯）（*What Great Principals Do Differently*）、《五十種改善學生行為的妙招》（*50 Ways to Improve Student Behavior*）、《教學二三事》（*Teaching Matters*）、《球》（*The Ball*）、《七個簡單的小祕密》（*7 Simple Secrets*）、《如何激勵與鼓勵老師》（*Motivating & Inspiring Teachers*）、《對付棘手家長》（*Dealing with Difficult Parents*）等。

威塔克教授的太太貝絲也曾在教育體系擔任老師和校長，現今任職印地安那州立大學的初等教育教授。他們夫妻育有凱瑟琳、瑪德琳與哈里森等三名子女。

第一章

為什麼要向優秀看齊？

我們常聽人說，三人行必有我師。我們能從教學有方的人身上學會怎麼做，而在效能不彰的人身上學到不那麼做。雖然這個建議不乏真實性，但仔細想想：我們能從效能不彰的同事身上學到多少成為優秀老師或領袖的方法？我們早就知道有許多事不該做：例如好老師知道不該語帶諷刺、不該對孩子大吼大叫、不要在青少年的朋友面前與他們爭執……這些我們都不需特地到效能差老師的教室觀摩才能學到，但從成功的教育工作者身上，我們總能得到更優秀的想法。

換個角度看，如果教學是一道是非題，我們可以偷瞄失敗同事的答案，然後每道題目都選擇與他相反的答案，以提升我們的成績。然而，教育工作卻不是單純的是非題，並沒有絕對的好壞對錯，而比較類似開放式的申論題考試；從準備最少的考生身上偷抄答案，並不會增加考試分數；當然，在考卷邊緣塗鴉或寫上「凱文和維琪永浴愛河」，也不會讓我們賺到分數。另一方面，即使我們不認同最佳的申論題答案，仍舊可以從中學習，至少能獲得一些嶄新的想法，讓我們能加以建構發展。身為教育工作者，我們面臨的是大量選擇，所以單就不合適的選項進行刪減，並不會讓我們進步。

再舉個例子吧，試想你決定建造火箭登陸月球，現在你有兩種選擇，可以學習該如何達成目標——你可以去NASA（美國國家航空暨太空總署）觀摩，或是找一個週日下午到我家探訪。這個嘛……如果你選了第二個選項，那麼就算是最積極的觀察，都不太可能讓你朝月球任務跨出一小步。當然，來我家探訪時，你可以盡量做筆記，不過呢，躺在涼椅休息不會提供你引擎設計的靈感，電視遙控器的按鈕不能讓火箭升空，在涼蔭下飲用的檸檬汁也不是火箭燃料。（聽到以上這些讓你覺得意外嗎？）反之，如果你決定造訪NASA，會得到什麼幫助？你也許會從觀察中發現他們造的火箭比你家的車庫還大，他們的預算龐大、工程師為數眾多。重點是，你極有可能從中學到有關成功發射火箭的經驗。

這個例子雖然簡單，但其中透露出來的訊息卻很明確。想提升自我的教育工作者在檢視教學成效高的老師時，會發現他們所做每件事的價值，而這些事是其他老師們不會做的。

高成效老師的研究

我很幸運有機會針對高成效的教育工作者和學校進行或參與各種不同的研究（Fiore, 1999; Fleck, 2003; Jay, 2011; Raisor, 2011; Roeschlein, 2002; Sudsberry, 2008; Turner, 2002; Whitaker, 1993; Whitaker 1997）。在這些研究中，我們造訪了各級學校，有些學校的校長很出色，有些學校領導人則不那麼傑出。這些研究衍生出許多觀點，其中最棒的貢獻是，它們都專注於一個問題：「最高成效校長的作法是如何與眾不同？」如果沒有探訪較不優秀的學校，我們也許就無法分辨出要成為一個高成效校長，其中關鍵的因素為何。

假設四位傑出校長都在學校餐廳放上同樣的標語——「人人皆可成材！」那我可能會歸納出成為高成效領導者的關鍵之一，就是在午餐室牆面掛上激勵人心的標語。然而，如果另兩名不那麼優秀的校長也掛上同樣的標語，那我就會重新考量我的結論；因為光是標語並無法保證成功。當然了，這不表示好校長就不應該懸掛標語，也不是說所有校長都應該仿效高成效校長的全部行為，但是演練一

名好校長會做的行為，並不會阻礙成功之路——而且也能從中學習。這份研究最具價值之處，就是發現老師在各種環境下都能展現優異的技巧。從非正式的觀察和訪談中，我們逐漸釐清高成效與成效較低老師之間的差異。當然，我們也發現了大多課堂上都會出現的行為，例如，幾乎所有老師——最好和最差的——都會點名。但隨著我們深入的觀察和歸納，就能列出優秀老師的特質，發現是哪些因素讓他們得以從不成功的同儕間脫穎而出。

所有工作都會面臨的挑戰之一，就是**準確的自我反省能力**。當我們知道自己展現的模樣，也知道他人如何看待我們的行為時，工作效率會比較高。雖然我們都努力想建立這種自我認知，卻常常失敗。在前述的校長績效研究中，幾乎所有校長都認為自己做得很好，但只有少數人的認知才是正確的。

當我們知道自己展現的模樣，也知道他人如何看待我們的行為時，工作效率會比較高。

以我的經驗來看，許多成效不彰的教師都認為自己已經做得很不錯了，而就如同大多數的校長，大多數老師也的確已盡其所能，並且多半願意（甚至渴望）獲知更好的教學方式。

我最近參與一場探討教育工作前景的座談會，來自各界的教育工作者齊聚一堂。其中一個問題是：「如果現今的教育工作者希望教學有成效，那麼需要具備什麼樣的技能？」對這個問題的諸般回應讓我驚訝不已。在那一長串深奧又專業（而且看似難以企及）的清單上，包括了資訊教師對科技的理解、律師對特殊教育任務的認識、協助每個學生達到變動頻繁且高不可攀的全州與全國標準，以及最佳的校內溝通技巧。呼！光聽這些就足以讓我的腸胃打結了，怪不得老師會有如此龐大的壓力。

後來我發現我們都用錯了方法。我們真正需要做的，就是**讓所有老師向最優秀的老師看齊**。最優秀的老師也許不具備律師背景，也無法以汽水空罐組裝成一台 iPad，但他們能善盡其職做好本份內的工作，年復一年地歷經數十載。他們順應情勢改變，但從不忘記什麼才是最重要的。這麼想吧，如果所有學校的老師都

向優秀老師看齊，那這所學校會不會是間很棒的學校？當然會是！而假如每間學校都有優秀的老師，那麼每天在學校接受教育的學生就更有信心面對未來。

在許多關於高成效教師的研究中（Borich, 2010; Breaux & Whitaker, 2006; Ehrenberg & Brewer, 1994; Ferguson & Ladd, 1996; Goldhaber & Brewer, 1999; Hardiman, 2003; Hess, 2001; Hunt, Wiseman, & Touzel, 2009; Kaplan & Owings, 2002; Stronge, 2007; Thomas, 2002; Walsh, 2001），有的報告發現優秀老師具備較多領域的專長，有的報告則把效率與高學歷劃上等號，也有報告指出，教師測驗的分數高，是與課堂的成功有關係的——極少人會不同意這幾點原則。

然而多數人都能憑直覺知道，教學要有成效的因素不止於此。我們都知道有些高成效老師擁有高學歷，但有些高成效老師並沒有高學歷。教師測驗成績高也許與教學成功有關，卻也不是絕對的保證。熟悉你教學的科目固然非常重要，可是如果老師只熟知這些教學科目，卻無法瞭解自己的學生呢？

本書並非要探討那些我們已經知道的事——許多老師都知道最有效的教學方法；而是要探討我們扮演的角色，更明白的說，是我們**「要怎麼做」**。接下來的

章節內容一點也不難，我們有時也會做這些事，許多人甚至經常這麼做，但是最優秀的老師則**時時刻刻**都這麼做！本書所描述的每件事都簡單易懂，不過要做到卻不見得容易。

我認識一名老師，她教五年級生已經進入第三十八個年頭，真的是很了不起的老師——她是那種你會希望自己的孩子、孫兒、外甥姪兒遇到的老師，她的熱情和精力似乎源源不絕，永不消退。有一天，我問她是如何保持這股旺盛的精力，她回答：「雖然我教五年級生已經邁入第三十八個年頭了，但對於這群學生來說，這卻是他們的第一個五年級。」

每一天，這位老師都將自己的十八般武藝——特別是她的社群技巧——運用到嶄新的經驗中，她的學生也受益良多。無論我們教的是五年級或一年級，無論我們累積的教學經驗是十七週或十七年，我們都應該從她身上學習這種態度。

第二章

首重用人，計畫次之

◎ 好老師從不忘記，是人決定了學校的品質，
而不是方案。

傑出的教育工作者都知道，如果一間學校擁有許多好老師，那麼這所學校就是好學校。教師是優良學校的基石；更重要的是，所有老師的「聽眾們」也都抱持同樣的觀點。如果我就讀三年級的女兒有一位好老師，那麼我就會對她的學校產生高度評價，否則無論她贏了多少獎項，有多少學生在測驗中得到高分，或辦公室有多少獎牌裝飾，我還是會認為她的學校並非那麼出色。學生們也會抱持同樣觀點，假如某個高中生每天所遇到的都是好老師，那麼相信我，這位高中生會覺得自己的學校很棒。隨著教師品質下滑，學生對學校的看法也會開始打折扣。從幼稚園一路到大學，**教師的品質決定了我們對學校品質的看法**。

方案輪番上陣

讓學校進步其實是相當簡單的概念，然而就如同許多簡單的概念，要達成卻不是那麼容易的事。想讓學校績效突飛猛進有兩種方式：一是網羅更好的師資，二是提升現有老師的水準。

我們可以花上大把時間與精力，尋求能夠解決問題的方案，但這些方案通常無法為我們帶來想要的進步或成長。我們應該把注意力放在真正重要的事情上——**方案永遠都不是重點，重點是人**。這並不是說沒有方案能促成或支持校內師資水準的提升，我們都能提出許多改革方案，並視之為教育的解答，也常期望它們能解決我們所有煩惱，可是當改革方案行不通，我們就認為這個方案有問題，事實上，根本沒有任何方案本身就能促成進步。相信我，如果真有這種方案，現在早就遍行各校了。決定學校品質的關鍵在於人，而非方案。

> 教育的重點永遠是人，不是方案。

「開放式教室」的概念

你們也許有人知道「開放式教室運動」的真實歷史，我不會自詡是這方面最

有權威的專家，但你可以姑且聽我分享這個概念是如何成形的。

位於美國艾尼惠（Anywhere）的一所小學，在新學年開始前的教職員會議上，校長宣布他有好消息，也有壞消息。好消息是今年的註冊率比想像中來得高；壞消息則是，他需要一名老師自願在舊體育館上課。回應他的是一陣尷尬的沉默，每一位老師都避開校長的目光，最後有一名老師舉起手，自願接下這份工作。不令人意外的，這個人正是史密斯老師——她是這間學校裡最優秀的老師。

換做別的老師，也許會圍出教室大小的範圍，讓學生待在裡面，但這位精力充沛的老師卻善加運用舊體育館的每一寸土地，甚至在那兒創造出一個溫馨又舒適的角落。然後（情況正如快速發展的學校所常見的，）幾週之內，校長又宣布：他需要把另一個班級挪至該體育館。

一陣竊竊私語後，猜猜是誰舉起手了？瓊斯老師，她是校內第二優秀的老師。這幾位出類拔萃的老師就這麼在陳舊的體育館裡創造出不同凡響的教學環境。他們利用每一寸空間，依照需求將學生分組，想方設法達成最大的學習效果。學生在學習過程中的興奮活力與參與意願是如此充沛，讓你一踏進這裡就忍

不住渾身起雞皮疙瘩地感動。

學年過了一半，參觀艾尼惠小學的訪客參觀了所有的教室，請問他們在哪兒看見最棒的教學與學習？沒錯！就是舊的體育館內，他們總結：開放式教室就是優良教學的祕訣——其他作法已然走入歷史。

然而，真的讓艾尼惠小學體育館充滿活力的，其實是這些優秀教師，而非沒有隔間的教室。身為教育工作者，我們必須理解：**方案並非解決之道**。

關於課堂管理方針，以下是另一個老生常談的例子：

果斷管教法（Assertive Discipline）是問題或解藥？

我們對某些形式的果斷管教法也許都很熟悉。通常如果一名學生行為不當，老師就會在黑板上記下他的名字，如果這名學生再犯，老師就會在他的名字旁打一個勾勾，每次只要有任何行為不當的情況發生，他的名字旁便會再加上一個勾號；而事先規定好的懲處，則套用於數量各異的勾號上。

有些人相信這套作法，有些人則對它**嗤之以鼻**。我在許多學校和學區工作過，多數的高層決策者都會要求使用果斷管教法，然而也有學校反對這種作法。無論他們視果斷管教法為解藥或問題，我相信他們都忽視了一個重要的因素：**老師**。

漢米爾頓老師是我共事過最優秀的老師，我有幸與她在同一所學校當了七年的同事，當時我先是擔任副校長，然後接任校長。我曾非正式地參觀她的教室不下兩百次，在我搬離該州、接下另一個職缺之前，我曾和漢米爾頓老師閒聊，她提到明年不想在課堂上使用果斷管教法了，這讓我詫異不已，我從來不知道她使用果斷管教法。因為我根本很少在黑板上看見學生的名字，也從未注意到學生的名字旁邊有勾號，她的課堂管理技巧就與她的教學技巧一樣純熟。

漢米爾頓老師覺得自己不再需要以果斷管教法作為必要的課堂管理方法，這是她基於專業所作的決定。然而，如果我在這時候決定強制執行果斷管教法呢？這樣對她及她的學生能有什麼好處？從另一方面來說，如果在她教師生涯的頭五年，有位校長決定要廢除這種方法，這是否有助於提升她的信心？也許在該

階段，結構縝密的作法對她的教學才是最好的，但若是果斷管教法能給予她信心，那麼她帶領的學生與學校就會因此變得更好。

如果你見到高成效老師採用某種方案的作法，也許會認為她的成功是來自這個有效方案，因而不顧及其他教職員的需求，便硬性規定所有人都執行此方法。當然，若你的想法是正確的，那麼每位教師都會使用相同的方法教學。然而，不同的人各有不同的專長和不足之處，因此我們必須確定，任何一種「強制執行」的方案，是否適用於所有人身上。在此我想分享路易斯老師的例子，他也是我在擔任校長第一年時校內的某位老師。

開學第二週，我決定開始巡視老師的上課情形。當年我二十六歲，比起校內任何一位老師都來得年輕，因此想到要巡視課堂，就有些怯步，但我知道這是協助改善教學的最好辦法，於是我走進路易斯老師第三節的英語課。我很快便察覺到，他對果斷管教法十分熟悉，黑板上登記了約十二位學生的名字，最後一個名字是「瑞奇」。他以約莫一呎高的字母寫下這個名字，旁邊還有少說五個勾號，每個勾號都比前一個還大，最後一個勾號足足有三呎高。站在黑板前的路易

斯老師像駝著背的愛爾蘭小妖精，激動地朝這位學生張牙舞爪：「來啊！難不成你還想被記一次嗎?!」

果斷管教法顯然在這裡起不了作用，也許我該試著讓路易斯老師換另一種「更好」的管理技巧，但這麼做很有可能只是在同一道流血的傷口綁上毫無成效的繃帶罷了。果斷管教法不是問題；有問題的是路易斯老師。同理，在漢米爾頓老師的課堂上，果斷管教法也不是問題，卻同樣不是解決之道，漢米爾頓老師**本身**才是解決問題的關鍵。

無論校方將果斷管教法視為解藥或者問題，我相信他們都忽視了一個重要的因素——老師。

重點不是做了什麼，而是該怎麼做

所有老師都知道，學生有各自的需求。身為教育工作者同樣也要知道，教職

員們各自的能力與作法也是南轅北轍。無論是課堂管理或教學技巧，高成效的教育工作者會將注意力放在「人」的身上，而非方案。唯有在方案能將老師能力發揮到最極致時，他們才會視方案為解決之道。

就舉全語言教學與字母拼讀法的論戰為例吧！當我們取消課文取向教學的同時，也奪走了某些老師仰賴的教學策略。然而，若要所有老師將注意力都放在字母拼讀上，那我們也可能失去其他教學法可能帶來的最佳成效。

另一個例子是關於讚揚和獎勵學生的爭論。如同許多爭議，這種作法的好處無法單憑討論來決定，否則我們就能確知讚美或獎勵是否真能驅策學生，使他們更進步。有些優秀老師會讚揚或獎勵學生，但有些成效差的老師也會這麼做；重點不在於他們是否這麼做，而是他們的**作法是否合宜有效**。

> 重點不在於老師們是否實踐了這些教學法，而在於這些作法是否合宜有效。

蹩腳講師的課堂

我們之中有多少人曾聽過蹩腳的講師上課？也許幾乎所有人或多或少都曾經歷過吧！當我說「蹩腳講師的課堂」，你覺得這七個字中的哪幾個字最能捕捉到問題的關鍵？（讓我給你一個提示：不是「課堂」）大多數人會回答：「講師」，但這個答案也不正確。

一位高成效的講師能讓整間教室的學生聚精會神，以易於理解的方式傳遞重要資訊，為學生奠定積極學習的基礎。在此捕捉到問題的那幾個字，就是「蹩腳」。

如果你窺看一下蹩腳講師的課堂，你也許會想：「這個老師難道看不出來學生覺得無聊透頂嗎？」這個嘛，如果二十三年來她的學生上課都是一臉無趣，那麼現在她又為何應該突然受到學生歡迎呢？又或者，如果他上了一整天課，而這是全班第一次安靜下來，那他為何要急著炒熱氣氛？

可是禁止蹩腳講師在課堂上講課，並不會讓我們的教學成效獲得改善，應該

改變的是「人」，而不是「作法」。如同我們在第一章所提到的，第一步也許是最困難的：老師必須認知到他們需要進步。

第三章

期許的力量

◎ 好老師在學年剛開始時就設立明確的期許，
並且在整個學年間貫徹執行。

每個老師都要管理班級。某位老師可能要帶領五個女生組成的班級，大夥兒圍繞著一張明亮的研討桌，朗讀進階拉丁語；另一個老師可能得教十六名上生物課的學生，在一個器材不足或過時的實驗室上課；第三個老師也許每天早晨都得招呼二十位蹦蹦跳跳的幼稚園學生。說到課堂管理，我很確信這三位老師——確切的說，是所有老師——都願意竭盡所能做到最好，畢竟老師的課堂管理是為學生設立的學習舞台。我們都希望學生能在課堂上表現良好，如果做些什麼事情能改善學生的行為，那我們肯定會這麼做。

最好的老師如何進行課堂管理？作法又是怎樣的不同？以下是歸納出來的答案：**好老師把重點放在對學生的期望上**，其他老師則專注於規矩，而成效最差的老師則著眼於破壞規矩後的懲處。

期許

對於學生的行為要求，好老師非常清楚自己該怎麼做。他們在學年剛開始時

便設立明確的期許，然後隨著學年進展持續貫徹目標。例如，某位老師可能會有三個指導原則：

- 要懂得尊重。
- 要準備就緒。
- 要準時上課。

或是

- 尊重自己。
- 尊重他人。
- 尊重學校。

這位老師可能也已經規範了在學生不守規矩後要執行的懲處，但這都是排在

期許之後。關鍵在於**設定期許**，然後**建立關係**，好讓學生**願意達成這些期望**。好老師不會把注意力放在「如果學生不守規矩，我該怎麼做？」他們希望看見良好的行為，而通常也能如願以償。

好老師立下規矩的目的，是希望看見學生展現良好的行為，而通常也能如願以償。

規定

「學校」和「規定」這兩個詞似乎永遠都是絕配，並非只因為這兩個英文單字押韻，還因為「規定」建立了學校生活每日所需的架構。我們都不想在毫無章法的學校教書吧？然而設立規矩也有壞處：首先，學校的規定通常會把重點放在不樂見的行為，以及可預期的懲處。

不准彈指！

數年前，我曾巡視一所中學，當時我坐在一名高成效老師的教室後方，整個班級正安靜而專注地做著重要的課題。忽然間，全校廣播的聲音從擴音器傳了出來，擾亂了整棟教學大樓的上課秩序，校長宣佈了下列事情：

> 本校學生必須立刻終止彈指的動作！校內有太多學生朝其他人彈指。「彈指」指的是用拇指扣住中指，猛然往另一人胸口彈去的動作。本校嚴禁彈指的動作，被逮到彈指的學生必須送到校長室。

當時我環視整間教室，發現已經沒有學生專心上課了。反之，全班二十九名學生都在對自己或同伴練習「彈指」的動作，事實上，連我也開始不自覺彈起手指，想知道那是怎樣的感覺。

最難纏的學生天生就愛唱反調，而事實上，我們每個人身上都有唱反調的基

因。「我不想再聽見有人竊竊私語！」聽到這句警告，誰會不想竊竊私語？或等待、甚至期待聽見別人這麼做？然而在我們聽見這句命令之前，可能還沒想過要這樣做呢！

懲處

「規則」本來就是用來劃分可接受與不可接受之間的界線，再附加違規的懲處。我們對運動競賽的規定都再熟悉不過了，裁判不只會指出違規的情況，也會指定懲罰，而破壞規定的人必須付出代價。當然，這套系統的目的是在鼓勵運動員遵守規則；同樣地，違反校規附帶懲處的目的之一，也是在促使學生遵守學校規定。

另一方面，明列出固定的懲處也有壞處，別忘了學生可是成本效益的分析高手；他們會想：如果我蹺課一個鐘頭，我就得參加兩小時的留校察看，這樣值得嗎？（或是：我的同伴中，會有多少人也被留校察看？）

在我擔任校長的那幾年，我注意到校內百分之九十的學生不曾被送進校長室，我敢打賭他們不曉得在校長室裡會發生什麼事，也不知道如果被送進校長室，自己的父母會怎樣反應，而他們也最好不要有知道的機會。比起預設的懲處條列清單，未知的恐懼有時反而是更有力的嚇阻。

在學年開始時設定期許

每一個學年就是一場旅行，其間總是出現許多不同的轉折。當老師這件事令人興奮又備受挑戰的一點，就是每一天都是如此不同。我喜歡學年間的循環：在期待、興奮和開學日的活力中展開，經歷了標準化測驗、放假前的活動、寒暑假前後的騷動、冬季昏暗的日子、春季的開端等各種時期，每段時期都有不同的氣氛、活力的消長，也有不同的重點和挑戰。每個學年都有自身的特性，有開始，有過程，然後結束；很少行業能有這樣的週期循環。

伴隨著全新學年展開的興奮感，讓我們有機會**重新設定期望，帶來改變**。

這時我們都帶著最良好的態度，對嶄新的一年充滿正面能量。對高成效老師來說，**學年的開始是一個契機，可以為這個學年定調**，更重要的是，也為學生奠定學習風氣。即使我們已經帶領同一個年級或教授同一門科目長達數年，開學這個時間點，都是讓我們的教學往前邁進的全新契機。

> 即使我們已經帶領同一個年級或教授同一門科目長達數年之久，開學這個時間點，都是讓我們的教學往前邁進的全新契機。

我們還沒被打敗

每所學校都應該在新學年開始前舉辦一個返校夜，或至少在開學後的第一、二天舉辦，原因非常簡單——**這時我們還沒被打敗**；學生還沒惹出「麻煩」（無論「麻煩」指的是什麼），我們的工作也還沒落後，成績本上尚未記下任何人的

成績，我們還有機會可以建立全新的關係。正如大聯盟棒球隊的春訓，我們可以夢想進軍世界大賽。

你看出在學年一開始便設定期望之所以對老師重要的原因了嗎？如果我們等到開學第二週才開始，很可能就淪為只能設立規定（例如不准彈指！），然後對先前違規的學生祭出懲罰。但若我們能事先對學生說明清楚，我們期望他們能做好準備、負起責任、準時上課，那我們就能踏出正確的步伐，開始往前邁進。

這其中的關鍵因素是什麼？並非是期許的種種細節，而是得清楚設定期許，專注展望未來，並且貫徹執行——這雖然是所有老師都做得到的，但只有好老師確實會為學生設定期望，也為自己設下期許。

第四章

言出必行

◎ 好老師管理課堂時考慮周詳，言出必行。

我向來都很喜歡與人共事，早先是與課堂上的學生及家長，然後是任職校長時期共事的老師；現在，我喜歡與各界人士與團體互動交流——不僅是老師和校長，更包括商界、健康管理、銀行界的人士——甚至職業運動教練。我注意到他們的機構規模、預算和薪資（！）都存在著不小的差異，不過，所有這些與我合作的團體，都希望能在自己的領域做到最好。

發現適用於教學的原則在其他行業也行得通，這種感覺很美妙。反之，我偶爾也會在「現實世界」中獲得深刻的體悟，並發現這種心得也可以運用在課堂。以下是我在美式足球場上學到的一個道理。

美式足球教練

我合作過的職業運動教練從不需要我給他們意見，關於如何操練籃球的運球突破戰術，或者二壘手迴旋雙殺的最佳方法，他們懂的比我還多，求勝心也很強！他們真正會問我的是：練習過程中該怎麼驅策球員，讓他們能達到應有的水

準？

有一次，某個美式足球隊教練團請我觀察每位教練，然後針對球員如何回應他們，給予教練們具體的意見。其中有一名教練的表現令我印象深刻。

進攻線的教練麥可體格壯碩，他的身高至少六呎五吋，體重超過三百磅，絕大多數都是肌肉重量。過去他顯然也當過球員，後來我發現他曾經是一名很棒的球員。雖然下了球場的他為人相當和善，但他在場上氣勢凌人的姿態，加上宏亮的聲音，卻足以令人生畏。

有天下午我抵達球場時，麥可正怒斥球員，我不確定引發這次火爆場面的原因為何，但他讓前鋒在半場之間折返跑，以示懲罰。當日天氣酷熱，這群球員又不是以速度見長，在他們從底線慢跑至中場然後折返時，麥可的沮喪感不斷攀升，最後他大吼道：「我要讓你們跑到腿軟！剩下的練習都不用做了，你們拼命給我跑就對了！」

如你所想，前鋒稍微努力跑了起來，在又一次衝刺之後，教練冷靜下來，讓他們回到先前的操練。

練習過後，我與麥可會面，他表達了自己的沮喪，球員似乎不把他當一回事。他承認，至少有一半的練習都會出現相同的模式。我們稍微談到讚美球員，以及鼓勵正面行為的方法，但接著我卻發現：這群前鋒真的沒有認真看待強制的衝刺懲罰。他們之前就聽麥可說過「你們什麼練習都不用做了，從現在起，只讓你們折返跑！」但麥可卻從未真正如此做過，因此他們又何必在酷熱的天氣下，讓自己累得像條狗呢？

對學生怒吼「我已經告訴你們至少十幾次了！」的教師，也許會認為學生的學習速度緩慢，但又是誰重複說了一遍又一遍，卻從未發現這招根本不管用？當然是老師了。而最優秀的老師——就如同最優秀的教練——說了話，就絕對算話。他們不需擺出命令的姿態，也不必靠如雷的吼叫就能管理好課堂，學生們就會尊重老師的權威，因為老師能**清楚展現自己的要求**，**然後貫徹執行**。

這一次，我是說真的！

貫徹執行很重要；家長先是宣布「你被禁足一個月！」卻隨即通融為生日派對或舞會破例，這樣只會讓他們失去可信度。公司老闆威脅員工「再犯一次就開除你！」但卻從未真正開除過任何人，如此也同樣沒有可信度。諷刺的是，如果哪天老闆真的開除了不適任的員工，還可能被認為不公平，就好比在比賽過程中忽然改變了規則一樣。好老師關心的是他們所期待中學生的行為，而非學生犯規之後的責罰。比起怒斥「如果你繼續聊天鬼混，今晚的回家功課就會加倍困難！」，不如以平靜語調說「如果你不聽課，就會失去學習的機會」，還比較強而有力。

猶如怒吼或語帶諷刺，威脅也可能暫且奏效，但長期下來情況只會愈來愈糟；高成效教師知道要**權衡短期和長期的利益**。

好老師關心的是他們所期待中學生的表現，而非學生犯規之後的責罰。

說話時面帶微笑

的確，要設定明確的要求並且貫徹執行，是不需要用上嚴肅態度或嚴厲口吻的。有道是「到了感恩節才許笑」（"Don't smile until Thanksgiving"）①，這句話實在誤導了大家。我們確實會想在第一天上課就擺出公事公辦的姿態和專業口吻，但如果我們真的等到感恩節才笑，那我們的學生就可能永遠都笑不出來了。（我們會在第七章探討教學模式時，深究教師該如何在開學日奠定正事模式。）

當你準備好時

許多時候，老師在沮喪時衝口而出的話並非出於真心，如果他們有時間好好思考自己的反應，就不會這麼衝動。在此我分享自己在當學生時的一個故事。

我承認自己是個調皮的學生，也因為這樣，我常被指派坐在老師桌子旁的

「豪華座」。最受大家歡迎的惡作劇之一，就是趁老師轉過身時一把抓起她的水杯，然後把水倒出窗外，再迅速溜回座位觀察她的反應。最好的情況就是，我能逗全班開心好幾天。

我們稱為「榔頭」的火爆老師就讓大家樂翻了。「水杯事件」第一次發生時，她舉起自己的空杯，臉頰漲得如豬肝般緋紅，用響徹整間教室的聲音向我們質問：「好了，是誰拿走我的水？我要知道我的水上哪兒去了！」但沒人舉發我。隨著一天天過去，她加強警告：「如果再發生一次，誰都不許下課休息！」但身為惡作劇的始作俑者，我卻不甘心投降，全班同學也都悶不吭聲，最後她只好放棄在水杯裡加水了。

巧的是，當年我們最喜歡的老師也讓我坐在她的桌邊，她上課時也會準備一杯水。雖然同學們都認為在「專業老師」的課堂，這樣惡作劇不是很好，但我還

①這是一九六〇年代開始盛行的課堂管理概念，許多資深老師認為在學期一開始，就得先奠定當學期的教學風氣，否則學生會不尊重老師，破壞往後的教學秩序。

是這麼做了，然後等著看好戲。我等啊等，「專業老師」顯然已經發現我做的好事，可是卻忽視我的舉動，只是最後她仍然記得處理此事。就在那節課結束後，她一如往常站在門口祝大家度過美好的一天，我不斷地退回隊伍中，希望她能趕快離開，這樣我就能全身而退。但是哎呀！她卻站在原地不動，就在我打算趁她不注意開溜時，專業老師靜靜地說：「陶德，你現在有空嗎？」

我非說「有空」不可，「專業老師」接著問我能否幫她一個忙。她提到稍早她的水發生了神祕事件，既然我就坐在她的桌邊，我是否介意幫她看管水杯？這樣如果她的水又發生什麼事，她就能和我同心協力解開謎團。我沉默地點點頭，在下一秒衝出教室。最後你猜怎麼著？我成為一名出色的「護水人」，從此之後，再也沒人敢去騷擾「專業老師」的水了。

「專業老師」做了什麼大不同的事嗎？首先，在惡作劇發生的當下，她忽視我的行為，剝奪我所希望得到的注意力。再者，她聚焦在預防未來再度發生的違規行為上，讓過去的就此過去。但是第三點、也是她所作出最有效果的反應，就是她**等到自己準備好的時候，再來處置**我——她等到下課後四下無人時，才來處

理這件事。

給自己時間思考後才開口反應，讓她能夠理出最佳的解決方法，她不用指控我的行徑惡劣，也不必描述如果我再度惡作劇會發生什麼事，但她沉靜嚴肅的態度讓我確定我不會想知道之後若再犯，會發生什麼事情。

從四個減少到三個……

老師最常用來影響學生行為的手段之一，就是威脅要打電話給他們的家長。儘管像是「你要我打電話給你父母嗎？」或是「如果我打給你父母，他們會怎麼說？」這類問題具有立即性的短暫成效，但也很快就失去效果。

更有效的策略是不知會學生，直接打給家長尋求協助。這樣能給老師先說明自己故事版本的機會。就我的經驗來看，如果讓學生有時間「提示」家長，故事很可能會因此變調，讓家長對老師懷有敵意。好老師常使用的另一種方法就是單獨處置不守規矩的學生。全班集體接受懲罰，等同斷定他們之間有關連，也讓全

體學生對老師產生敵對的態度。

管理上很棘手的班級通常有一群帶頭的學生，而這群學生就是最難纏的一群，我們的沮喪也許會讓我們這麼想：「這個班級真糟糕。」但再進一步分析，我們通常就能辨識出惹麻煩的學生圈子。多數時候，在我們帶領的班級裡，學生們的行為多半都很檢點，也是真心想學習。

面對四個互通聲氣的搗蛋鬼，老師可能會想打電話給這四個人的家長，通常這麼做之前，我會更謹慎小心。要一口氣將四名搗亂的學生「消滅」，是有難度的，但如果先把四名降為三名，然後再從三名降為兩名，應該是較為可行的作法。

要運用這種循序漸進式的方法，得先避開最難搞的學生。你應該先聯絡的家長，是最可能受到該通電話影響的學生的家長，如果該名學生告知其他人你打了電話，那麼其他三人就會接收到訊息，知道你已經採取行動通報他們不守規矩的行為——如此就可能形成漣漪般的正面效應。再者，矯正那名學生的行為，也能降低帶頭者的影響力。一次處理一位學生，也可以導正課堂的搗亂風氣，使搗蛋

人數降到最低。

課堂管理

維持自制力是成為好老師的關鍵技巧，在我們為學生設定期望、建立秩序時，我們必須確定**期望與秩序都合情合理，也能夠貫徹並強化**。如果我們給予學生指導方針，但最後卻忽視它們，學生很可能也會選擇忽視。當學生出現不合宜的舉止，**我們應在反應前先給自己一些時間思考，一旦開口就勢必說到做到！**課堂管理這件事，更多是關乎「課堂」，而非「管理」。

第五章

預防 vs. 報復

◎ 當學生行為不當時，
好老師的目標是讓這種行為不再發生。

即使是在最棒的學校、最好的班級，擁有最優良的師資和學生，有時課堂上還是會發生問題。上一章我們探討了期望的力量，現在我們將焦點轉移至某位副校長所戲稱的「力量的黑暗面」。當學生行為不當時，好老師該怎麼做？在棘手的情況下，什麼樣的原則會引導他們的行為？而當事情出錯時，他們又是怎麼反應？

學生不守規矩時

學生不守規矩時，好老師的目標是**讓這種行為不再發生**，而成效最差的老師則往往以報復作為目標。高成效老師希望能預防不守規矩的情況發生，而成效較差的老師則將重點放在學生違規後的懲罰，例如孩子沒有帶鉛筆上學，他們希望讓孩子不好過，藉此促使他們下次改正——他們把焦點放在責罰和過去既成的事實上。

想想我們所遇過的家長吧，有些家長不斷展望未來，想知道還可以多做點什

麼，讓他們的孩子更成功。有些家長則不斷專注於過去，比如談論著去年的老師，或是不同背景下孩子的兄姐們曾有過的經驗，甚至滔滔不絕說起自己早年就學的故事！你會想和哪種家長相處？

身為教育工作者，我們必須把焦點放在自己有能力影響的事物上，既然我們都無法改變已經發生的事，那麼何必浪費精力在那上頭呢？就讓我們一起同心協力來預防不守規矩的情事再度發生吧！

> 既然我們都無法改變已經發生的事，那麼何必浪費精力在那上頭呢？

送學生進校長室

我們不妨思考一下，在學生與校長進行懲處會議之後，老師會希望學生怎麼表現。低成效的老師會希望學生在離開校長室時感到難受，而高成效老師會希望

學生離開後能變得愈來愈好。身為校長，我會盡量協助老師，讓他們理解我們並非要讓學生在離開後感到憤怒，畢竟他們原本就是生氣著被送來這裡的吧？事實上，也許這就是當初老師要他們去校長室的原因。讓學生憤怒是問題，而不是解決問題的方法。

當然了，老師在管教學生的處置上理應取得校長的支持，但高成效老師明白這種支持會招致什麼後果。在此，我以校長的觀點分享一則故事來說明這點。

「什麼也沒發生」

身為校長，我有一項指導方針是：如果學生對老師口出惡言，後果就是停課十天。新學年開始的第一週，本校最難纏的一名八年級生做得太過火，最後來到我的辦公室。

當我知道他做了什麼時，我告訴他必須接受停課十天的懲罰，他聽到結果後，出乎我意料地開始號啕大哭，他是真心感到難過。然後我打電話給他的父

母，他們也當真被激怒了——但是是對這位學生發怒：「對老師口出惡言……？我真不曉得他是上哪兒學到那些@＃$%＊&的！」（我也不曉得，我暗想，肯定是看有線電視學來的吧？）

他家距離市區相當遙遠，因此每天他都得搭公車回家，在那之前，他一直坐在我的辦公室裡啜泣。終於，當日最後一聲鐘聲響起，我遞給他一盒面紙，讓他冷靜下來，並陪他去搭公車。當時他的好幾位同學——還有送他來找我的老師——都在現場，我聽見他的同伴問道：「你進校長室之後發生了什麼事？」犯錯的學生回答：「沒什麼。」然後就上了公車。

這讓那位老師瞪了我一眼，但我們稍後談及此事，都有了重大的體悟。當然這位學生會說「什麼也沒發生。」不然他要說什麼？「他們教訓得我好慘，我像個小嬰兒哭了一個小時！我再也不會犯錯了！」

高成效老師能理解，重點不是學生離開校長室時是否氣憤、難受，也不是他們會怎麼向同儕轉述，而是他們在往後都能遵守規矩。高成效老師不需要校長替他們報復學生，而是需要校長強調出他們對學生的期許，也支持他們在學生行為

不當時所作出的反應。事實上，他們樂於接受所有能夠獲得的協助！

老師的錦囊妙計

在教學環境中，行政人員的支持總是大有幫助，以下是優秀教育工作者會自省的問題。

◆學生行為不當時，老師該怎麼做？

請將所有選項羅列出來——不只是你會這麼做，這也是其他老師（無論好壞、新手或資深老師）都可能會做的事。我曾與許多團隊共同羅列過清單，大家列出的清單都驚人的相似：用目光威赫、與他們實際互動、將學生交由他人處理、送他們去校長室、讓他們面壁思過、與學生爭執、讓他們去走廊罰站、咆哮怒斥、誇獎另一名學生的正面行為、讓他們出糗等。（大部分的人在讀到某些行為時也許不贊同，但在看見某些行為時，也可能會點頭同意。然而，這裡的重點

是數量，在我們製作出一張清單之後，我們就可以把重心從數量轉移到品質。）

現在請回答以下的問題：

◆哪些方法永遠都奏效？

答案很明確：以上皆非。當然沒有一套作法是永遠有效的，如果有的話，那我們每次都比照辦理不就好了嗎？

這些選項都是老師的錦囊妙計，但請問問自己：

◆是否每個老師都有相同的選項？

答案是肯定的。每位老師都有同樣的錦囊妙計，他們都可以跟學生目光接觸、親密互動、送學生去校長室、讚美、爭吵或吼叫斥責。雖然並非所有老師都會這麼做，但任何老師都可能做出你清單上或其他老師們在

清單上羅列的事。

那麼，在優秀和蹩腳的課堂管理者之間的差異在哪？答案並非這些錦囊妙計為何，因為它們都是相同的；那到底什麼是變數？當然，一來要看老師尋求錦囊妙計的頻率有多高。好老師一天只會用上一兩次，差勁的老師則每個小時會使用許多次，而如果太常讓這些妙計派上用場，那最後我們恐怕會使出最醜惡的招式。

這種結果帶我們進入下一個更重要的關鍵——這些計策本身的**「質」的問題**。有些選項常常被列入清單中——大聲斥責、爭吵、羞辱（語帶諷刺）——這些都需要特別注意。請回答以下問題：

◆課堂上何時語帶嘲諷會是恰當的？

你已經知道答案了：從來都不恰當。那我們就別在課堂上用這招吧。

◆誰能決定你一週能和學生爭吵幾次？

當然，答案是**我們自己**。我們從來就不可能吵贏學生，一旦開始爭吵，我們就已經輸了。如果他們的同儕正在一旁觀戰，那他們就更輸不起，因此，即使我們想贏得這場爭吵，但學生們卻是非贏不可。（此外，在所有師生交流中，我一向都覺得至少必須有一個成熟的人在場，而我比較傾向希望那個人會是老師。）

◆除了真正的緊急狀況（例如「小心鹽酸！」）外，什麼時間和地點適合大吼？

我們知道答案同樣是：永遠都不適合。因為，我們想要大聲斥責的學生早已被人喝斥過無數次，這招怎麼還會對他們管用？因此我們不該對學生怒吼。

優秀的老師會聰明地選擇他們的錦囊妙計。

尊重學生、他們的父母——以及你自己

身為教育工作者，我們都知道要以尊重的態度對待學生，不管他們表現如何。我們這麼做是為了學生，否則他們就很難在課堂上自信的成長。我們也明白，我們應該把這等尊重的態度擴及他們的父母——同樣地，姑且不論他們表現如何，否則我們就無法有效率地與他們合作，協助他們的孩子進步。然而，尊重學生與家長還有一個理由：我們這麼做是為了我們自己。試想，在你知道自己以不合宜的方式對待學生或家長時，你會有什麼感覺？你知道自己讓他們難受，你會感覺比他們更難受！

近來在一次關於如何應對難纏家長的專題討論中，有位老師描述了一個典型的問題：某位老師致電家長，想討論孩子不守規矩的行為，卻遭到無禮的砲轟。指出這個情況的老師提供了一個簡單的解決方法，那就是：把電話掛掉就好，與會的其他人對此也深有同感。家長的長篇大論足以消磨掉我們的耐性，但如果我們選擇以掛掉家長的電話作為回應，又會發生什麼事呢？問題會從孩子的

行為轉移到我們的行為，而這麼做其實正好讓家長佔了上風。保持專業的態度是非常重要的，特別是在有壓力的時候。

二十四名學生力挺老師

開學的第一天，假設我們隱身在強森老師的第一堂社會課上進行觀察。二十五名學生中，似乎有二十四名處於開學第一天的良好狀態，但有一名學生——我們姑且稱他為25號——適應得沒有那麼好，實際上，他相當不肯配合上課，行為失禮。

在這個時機點，假設學生之間還沒有建立關係，因此其餘二十四位學生全部都站在強森老師這邊，他們希望老師採取行動，讓25號同學停止搗蛋。然而，由於25號也是學生之一，因此同學們抱有特殊的期望：他們確實希望25號停止胡鬧，但也希望強森老師以專業和尊重的方式對待他，只要他這麼做了，他們就會力挺他到底。

然而，如果強森老師一開始就以不夠專業的態度對待25號——無論25號的行為舉止如何——其餘學生便會選擇站在25號那邊。也許不是所有人都會立刻轉移支持，但有些人的確會如此，此時強森老師課堂上就會多了好幾位25號等著他處理了。如果這種情況時常發生，整個班級最後就會有二十五個25號同學——也不會有學生站在強森老師這邊了。

普遍來說，學生能分辨是非，他們希望老師能處置沒有責任感的同儕，如果你總能適當並專業地回應、處理問題，那麼所有人便會與你站在同一陣線。但如果一開始你沒有這麼做，你就可能失去幾張支持票——而且可能永遠都贏不回這幾張票。因此，**贏得學生高度的尊敬，尤其在面臨壓力時，可說是非常重要的技巧**。高成效老師擁有這項技巧，其他老師則無。

> 如果老師在課堂上，總是能合宜、專業的回應並處理狀況，那麼所有學生便會與你站在同一陣線。

重獲信任

師生之間或是老師與家長之間的衝突——特別是未經化解的——通常會導致彼此之間喪失信任。學生或家長會對老師失去信任感，也許老師也會不再信任家長。

在第九章中，我們將探討好老師是如何負起責任，改變已經造成問題的狀況和行為。而第十三章中，我們將說明如何修補因為過往錯誤的處理方式而被破壞的關係。好老師知道，信任感一旦喪失便不容易修補，更重要的是，他們知道除非努力避免衝突再度發生，否則脆弱的信任感就永遠無法回復了。如果我們能著眼於未來而非過去，那麼我們針對重建信任感所作的努力，通常也會較有成效。

第六章

不光是建立關係那麼簡單

◎ 優秀老師從來不忘記教學並非只有建立關係。師生關係固然重要，卻不是魔豆般的存在。優秀老師會傾盡全力，帶領前後一致的有趣課程。

關係是有效教學（effective teaching）的關鍵要素，和學生建立聯繫就是所有發展的基礎。每一位老師都遇過學生上前詢問，不只是求問學習技能，更是尋求其他協助。我們常常得身兼數職：在與我們相處互動的年輕人心裡，我們的身分就是家長、老師、心理輔導師、朋友。我們都知道，學業是許多年輕人踏進校園和課堂的重點，而我們跟學生建立的關係就是主要因素。

關於教育，有一種流傳於社群媒體和學校走廊間的說法：關係是教育的根本。從「關係就是一切」乃至「教學的三大鐵律就是關係、關係、還是關係」等各種傳言都有。說來說去，本書的重點莫過於與家長、同僚，及最重要的學生，建立和維繫關係，而這一章並不是告訴你師生關係不重要，事實上相反，本章支持師生關係的必要性，但某方面看來也許是我們所想的另外一種。

我的內人和兩個女兒都任職教育界，我們很驕傲全家人擁有共同的熱忱和職業。你可以想像，我的女兒是在充滿「學校經」的餐桌上長大的。雖然我不敢說這樣的背景是否鼓勵她們從事教育工作，但我們都深刻體悟老師對學生的一生造成影響。我猜這就是為何我們都選擇執教鞭，跟你的理由一樣：我們想為他人的

人生帶來與眾不同的改變。

我很幸運自己可以和女兒們一起寫作、演講。父女共同創作了兩本書，《教職第一年》是第一本。兩個女兒剛當老師時，嘗遍各種酸甜苦辣，後來卻越來越熱愛教書，而這就是她們的動力。她們很清楚，有些同儕並沒有在教職中找到自己的一片天，不少人甚至差點溺水，最後急流勇退離開教育界。正如你所見，課堂管理是這本書的主軸，要是教師在課堂管理上成功了，就更可能喜歡學生，進而從教學中獲得成就感。我們也曉得課堂管理是許多人想要精進的領域，例如改善學生對上課的興趣和在課堂上的行為，於是我們的下一本書《從零開始的課堂管理學》因應而生。

本書的用意是為老師設計一種保持學生良好行為的教學模式，而老師也可以越來越喜歡自己的工作。說到課堂管理，我們都明白，每個老師都是盡自己所能做到最好。要是真的能讓學生乖乖上課，不會有老師不這麼做。因為這不僅對學生是種正面影響，對於老師也是額外的收穫！每個家長也是這麼盼望，要是有能讓自己的孩子乖乖聽話的方法，沒有家長不會這麼做，畢竟這麼一來包括家長在

內，人人皆贏。

關係，期許，一致性

為這本書進行研究時，我們將課堂管理切分為三大基本元素，分別是：關係，期許，一致性。讓我們淺略解說一下這三大層面。

關係指的是師生關係。師生關係是課堂上的基礎，對大部分老師而言，這一點或許再明顯不過，這也是為何廣為流傳的說法認為，師生關係即是教育的「全部」。

期許來自學生期望老師帶來有趣確實的課程，以及老師清楚表達自己對學生的期待。老師會在課堂上竭力達成學生的學習需求，並且清楚說明他對學生的期許。

一致性是指老師始終提供引人入勝的課程，每天期望並強化學生採取合理的行為。這種做法能讓學生有安全感，知道該從你的課堂期待些什麼。

我們在教育工作者團體進行演講時，其中一項活動就是請他們依序排列這三大元素，從最擅長排到最不擅長。我們的用意不是指出哪一方面是他們的弱點——雖然有可能——反而是要他們釐清自己對哪方面最有信心、哪方面有待改進與加強。接下來則進入意見回饋的團體活動。

一般來說，我們會請參加者依據個人教學能力，將這三大元素依照一、二、三排列，然後請自認為強項是師生關係的老師起立。通常覺得在這三者之間，自己最擅長的是和學生建立關係的老師介於百分之八十五至九十五之間。請這些老師坐下後，我們接著請覺得自己的強項是以切題有趣的課程奠定期許的老師起立，通常有百分之五至十的老師站起來。最後，我們請覺得自己的強項是一致性的老師起立，結果往往只佔了不到團體的百分之五。

令人不可思議的是，團體成員是哪些人不是重點，國小、國中老師也好，新老師、資深老師也罷，社經地位高或清貧學生居多的學校老師也不重要。此外，學校的地理位置，學校／學區的規模也不是要素。

接下來我們會進行另一項活動，邀請老師思考這三個元素中，哪一個是他

們最不擅長的，抑或表現最弱的項目。就某些教育工作者而言，這三種都是強項，但他們還是得依序排列。其他老師則認為至少一項妨礙自己的教學績效，最後結果當然天差地遠。約有百分之一至五的老師覺得他們的弱項是師生關係。通常有百分之五至二十的人認為，自己在達成學生期許、帶領適切有趣的課程這方面，尚有待加強。結果很一致，百分之七十五至九十五的老師認為在這三項之中，一致性是自己最弱的環節。這個活動真的很棒，你可以和同儕一起做看看。

凡事都有好壞兩面。先來說好的，有兩個積極的面向。首先，大多數老師的強項是師生關係，我們應該感到謝天謝地，畢竟這是最難改善的一項，絕大多數取決於老師的個性。如果我們本來就親切友善、討人喜愛，和學生相處時，這就成了無往不利的優勢。當然這項優勢往往也是我們喜愛教育工作的原因。我有個經商的朋友老愛說：「雇人首看性格。我可以教對方怎麼使用收銀機，卻無法教好他的性格。」再來，老師通常認為一致性是自己最不擅長的一項，也就是弱點。這很好，意思是我們通常還是會這麼做，只是無法貫徹一致。

思考一下，在每天學生踏進教室那一刻向他們打招呼，雖然這件事很基本，

卻很重要。幾乎所有老師在學期剛開始的那幾天會這麼做，意思是我們其實知道、也有能力這麼做，這是很重要的動作。然而，隨著學期時間往前推進，我們被學校課業壓得無法喘息，甚至筋疲力盡，我們往往可能疏忽了跟學生打招呼。學期第一個月過去了，我們可能不再經常主動向學生打招呼，到了二月時，大概幾乎不打招呼了。但只要能發現自己減少跟學生打招呼這麼簡單的行為，你就會意識到自己該多打招呼。前後不一致的意思通常是其實我們辦得到，只是出於某個理由，沒有貫徹到底而已。

以下是一個不怎麼樂觀的消息，可能跟我們的見聞與認知相反。話說回來，所有高效教師都知道這個原則並正在實踐。壞消息是，**和學生打好關係也不能讓你成為高效老師**。我真希望可以，偏偏教學活動要來得複雜許多，長遠來說，你得達成這三大要素，才可能成為出色的教育工作者。教學可不是晚餐派對，我們可以用晚餐派對跟人打好關係，在派對之類的場合，我們保持微笑、友善親和、認真傾聽的態度，真的受不了時就假借上洗手間尿遁。有許多社交、甚至是專業情境是可以靠打好關係成功過關，不巧的是，教學並不在此名單之列。如果

想要只憑藉建立關係就達到教學成效，我只能說沒這麼簡單，長遠來看也不會有用。

> 和學生打好關係也不能讓你成為高效老師。

你想得到哪位學校同仁，或學生時代經常讓人覺得上課有趣的老師嗎？我想或多或少想得到幾個吧（也許甚至更多）。要是老師每天帶領學生上有趣的課（長期下來），學生自然就會和老師建立好關係，這就是最基本的學習關係。如果我們知道某位老師每天帶領我們成長，就會期待從他身上學到東西，並且迫不及待去上學，踏進那位老師的課堂。好老師心知肚明，這肯定就是真正的教學基礎。沒有這一層基礎，即便建立得了關係也難以維繫。跟初次約會和結婚的差異一樣。初次約會時讓人覺得期待好玩的事，長期來說或許不是什麼好事。

> 要是老師每天帶領學生上有趣的課（長期下來），學生自然就會和老師建立好關係。

國中階段的學生每天課表都會排好幾個老師的課，到了這個階段，概念就變得清楚。開學一週後，如果你去問國、高中學生，他們最喜歡哪個老師，兩個月後再問他們同一個問題，答案往往天壤之別。開學一週後最受歡迎的老師，通常都是花功夫打好關係，而且這很可能是他們唯一下的苦工。剛開學那幾天，這種老師會讓學生覺得幽默好玩，然而如果他們不能長期引導學生學習，這麼做也只是白費功夫。要是老師長期下來能帶領切題有趣的課程和活動，就能迅速對學生造成長久珍貴的影響。

這並不是三選一的題目，正好相反，三個要素缺一不可。然而要是無法長期帶領有趣的教學活動，就會大幅限縮我們與學生建立關係的能力。

展開全新學年

我曾經加入一個推特群組聊天室，很多老師熱烈討論開學要做什麼，並且提供五花八門的想法和點子，不少提議都圍繞著「認識彼此」和「尋寶遊戲」等活動。我們發現很多老師為了和學生建立關係，會選在開學第一天做這些事。我覺得這種做法是常識時，我認識的一位最優秀的高中數學老師卻說了一句話，引起我的注意。有人問她準備開學第一天做什麼時，她回答：「教數學。」我的第一個反應是覺得未免太冷漠，不過我跟這位老師有私交，所以知道她是最頂尖的老師。有人反對這個做法時，她回道：「我有一整年的時間和學生打好關係，但我卻必須在開學日告訴學生，未來一年我們會在我的課上開心學習數學。這樣一來，學生心中就形成了對學習和成長的期望基礎。」接著又補充：「如果我第一天開學就玩認識彼此的遊戲，自那天開始他們就會期待我每堂課都是那麼輕鬆。如果第二天我做出不符合期望的事（教數學），到頭來反而無法和學生建立好關係，可能讓他們覺得我在遊戲中途改變規則。」

這位老師是我認識的教育工作者之中，最受學生好評的一位。她建立關係的信心讓她從開學第一天起，就能更有效地帶領吸引人的課程。

在同一個推特群組聊天室裡，有人問某位出類拔萃的三年級老師：「妳什麼時候才打算和學生玩認識彼此的遊戲？」她答道：「第二個週五的最後二十分鐘。我有整年的時間去和學生建立關係，但他們真正盼望的是讓人充滿學習興致的課程，平靜、架構清晰的學習環境，尤其是最需要這種環境的學生。」

這名老師也是備受學生喜愛的傑出教育工作者，對學生也將保持一貫的親切關懷，同時卻有效地讓學生從開學日起就認真上課，而關鍵就在於她能帶領氣氛前後一致的學習環境。

教學沒那麼簡單

每當我們聽人說，教學界有一顆魔豆：關係、關係、還是關係，這種時候我們得謹慎看待這種說法。我們知道有些人善於初次見面時讓人留下良好印象，後

來才發現彼此話不投機。如果只是偶爾碰面，我們還是可以表現出友善態度，表達自己很開心見到他們的心情——也許這是事實。不過我們也曉得每次碰面時，對話都大同小異，話題說來說去不外乎就是那些。

但還有一種是我們真心期待下次再度見面的人。我們知道每一次的相處都是特殊又與眾不同的體驗，而優秀老師的課堂就屬於這一種。我們確實會跟老師建立關係，這關係可能深遠、別具意義與個人，也可能更著重在學習的關係。但無論是哪一種關係，影響都深遠長久。我們知道教學不脫師生關係，同時也明白若要改變學生的人生，需要做的遠遠超過建立關係。

三項缺一不可

優秀老師十分清楚建立、培養、維繫關係是不可或缺的教學要素，也是十分重要的基礎。然而，他們也清楚師生關係並非全部。長期帶領有趣課程和練習是成為高效老師的關鍵。倘若長期下來無法讓學生收割豐碩的學習成果，我們就無

法與學生真正建立起深刻關懷的長遠關係。很不巧，偏偏教學沒那麼單純，高效老師十分清楚他們必須與學生培養堅定的關係，課程必須有趣而切題，並且長時間維持一貫的教學。他們很清楚，教學的要素息息相關，當我們某方面不足，其他方面就可能造成負面影響。要是我們對自我和學生的期許前後不一致，就可能較難建立深遠互信的師生關係。少了引人入勝的課程，日積月累下來，我們拼湊起完整課堂的拼圖必定會少一塊。

我們大可不必把這三大要素當作某種欠缺模式，並不是缺乏其中一項，連結就會斷裂，最後整串變得不完整。我們反倒可以把它想成一條繩索，所有成分都是一條條纖維，經過扭轉編織，變成一條長長久久而美妙的救命索。

第七章

選對模式

◎ 優秀老師很清楚三種模式：正事、家長、兒童。他們心知肚明，要是希望學生進入正事模式，大部分時刻自己必須先處於正事模式。

對某些教育工作者而言，課堂管理的概念也許老派。這個專有名詞或許是陳腔濫調，卻能對學生行為帶來永不退流行的正面影響。我們可以隨便想一間學校，問：「要是能讓學生表現更好，有多少老師會更熱愛自己的工作？」答案當然是全部。優秀老師總是不斷尋找精進教學的方法，尋覓可以正面影響學生行為的方法。無法讓學生專心守秩序上課，通常是老師辭職不幹的原因。

我和女兒共同創作了一本談課堂管理的書《從零開始的課堂管理學》（*Classroom Managementfrom Ground Up*, 2019），我們用了不少心思探索好老師的共通點。顯而易見，我們發現的概念，像是企圖心、擔負責任等等，在你捧著的這本書中無所不在。然而，我還想到一個概念也許對各校老師都有幫助，那就是情緒模式。好老師不是懂得箇中道理，就是早已長期下意識這麼做了。而在這方面一直有困難的老師往往很難讓學生專心聽課。

在一九六〇年代，艾瑞克．伯恩博士（Eric Berne）探討「人際溝通分析」（Transactional Analysis，簡稱 TA），分別是人類的三種模式或性格：成年人模式、家長模式、兒童模式，後來這個概念廣受眾人探討、改良。幾年前我參加的

一場研討會上，講者分享了三種情緒模式：正事、家長、兒童，並將其應用於教學。長久以來，我都覺得這個概念很有意思，於是嘗試將它用於教學工作，尤其是課堂管理。這個概念對許多教育工作者而言，都深有共鳴，且易於理解，我漸漸觀察到許多教師在不同情境下使用是否有效。教育工作者可以理解並將概念套用在課堂上，他們採用的方法則會大幅影響教學效果。

這三種模式淺顯易懂。不論大人小孩都有這三種模式，分別是正事模式、家長模式，或兒童模式，顯然在不同情況下，我們有時需要進入其中一種模式。要是能理解身為老師的我們進入了哪種模式，就能大大影響學生。

不論大人小孩都有這三種模式，分別是正事模式、家長模式，或兒童模式。顯然在不同情況下，我們有時需要進入其中一種模式。要是能理解身為老師的我們進入了哪種模式，就能大大影響學生。

如果老師處於正事模式，學生往往也會進入正事模式。如果老師是家長模式，學生一般來說會進入兒童模式。如果老師進入兒童模式，學生通常是家長或兒童模式。聽起來很簡單，也非常有道理，每一種模式適用不同情況。然而，最擅長課堂管理的老師和其他人之所以不同，就是他們知道該如何把這種概念應用在課堂上。

擔任數學老師和籃球教練的第一年，我就碰了釘子。我覺得自己很幽默，雖然家人不見得覺得我幽默，但我自認如此。我時時刻都在說笑話，不管有沒有人笑我都自得其樂。於是我在教數學時，一整天下來會試著想出一個幽默笑話，好在籃球隊展開練習時拿來娛樂大家。學生都放學回家後，我們每天下午三點半開始練習，請問我對他們說笑話時，開啟的是什麼模式？當然是兒童模式。我用自以為幽默的笑話啟動兒童模式，這時球隊會是哪種模式？當然也是兒童。

接下來，由於我已經準備好開始練球，於是迅速切換至正事模式。但就在這時，由於球員的心智還沒有到達完全成熟階段，於是許多人還停留在兒童模式。後來我花了一點時間才懂，我就是為整個局面定調的人。由於我處於兒童模

式，籃球隊員也跟著進入兒童模式。更值得注意的是，他們之後都抱著兒童模式的心態前來練球，之所以有這種情況，全是我讓他們先有這種期待。現在讓我們思考一下這種情況該如何套用在課堂上。

大多時間我們都希望學生進入哪種模式？正事模式。老師本身多半得先進入哪種模式，才能啟動這種狀況？當然是正事模式。我們現在就把這種做法套用在開學日吧。

開學第一天，學生通常是什麼狀態？興奮期待，乖巧聽話——標準的正事模式，正是我們想要的。諷刺的是，就如我們上一章提到的，許多老師開學當天會帶頭玩尋寶遊戲、認識彼此的活動等。這些活動絕大多數都是以家長或兒童模式進行，而老師就這樣帶學生進入兒童模式。於是原本抱著正事模式開學的學生，思維模式的開關一經切換，開學第二天帶著同樣心態（兒童模式）來上課，這時我們得想方設法切換回正事模式，令很多老師倍感辛苦。

還記得我在上一章提到討論開學日的推特群組聊天吧？有位卓越的高中老師分享她準備在開學日做的事就是「教數學」，其中一名優秀的小學老師則是打算

在「該學年第二個週五的最後二十分鐘」進行「認識彼此」的活動。

這兩位教育工作者分享，他們需要用兩週時間經營培養，讓學生一踏進教室就是正事模式。等到他們培養出這個習慣和期許，建立師生關係就簡單了。這兩名老師分享，要是他們長期帶領有趣切題的課程，建立關係就能水到渠成。然而如果他們一開始不抱持這種期許，事後再來灌輸這種想法就會難上加難。再說，學生也希望一開始就清楚老師的期許是什麼。上述這兩位都是校內最親切受歡迎的教育工作者，他們都覺得開學日當天有必要套用這種架構。

當我詢問她們，這種觀念是從哪裡來的，這名國小老師分享一個故事。第一年當老師時，她的班級有三十多個極度難搞的學生。學生每天早上都像一群示威抗議人士，怒氣沖沖走進教室。大多數學生可能因為校車上或家裡發生的事，抑或帶著前一晚自家的情緒來上學，這時的他們是處於兒童模式。讓三十多個學生切換至正事模式是一件令人非常頭大的事。於是開學第三天，這位老師要求全體學生在教室外貼著牆壁，接著分別對每個學生竊竊私語三句話：

我們的手要放哪裡？要好好交疊擺好。

我們進教室時要怎麼做？每個學生都要小聲回答「在白板上玩敲鐘人遊戲。」①

我們的音量要怎樣？學生要回答靜悄悄。

這位老師會溫柔地和每個成功說出這三個答案的學生擊掌，接著每個學生都會安靜地以正事模式踏進教室。她每天只需要利用兩分鐘，在走廊上和三十個學生說話，就能省下大半指揮時間，避開諸多管理難題。

上述老師的學校中有許多音樂、體育等特別科目的老師。其中某位科任老師一直無法讓學生上課守規矩。與其讓科任老師帶她的學生以兒童模式來上課，這位老師決定去詢問這名科任老師，是否願意讓她親自去接學生上課，畢竟她剛吃完午餐。科任老師覺得何樂而不為，而這位老師也很開心，因為這樣一來，她就能在帶領學生步上走廊的這段路上，讓他們提前進入正事模式。也許聽來像是沒

① 一種課堂剛開始時進行的小活動或練習，可能是簡短的問答題，也可能是跟後續課堂內容相關的答題。目的是讓教師可以在學生一進入教室後，就能立刻進入上課狀態。

事找事做，但是這個方法能讓這位老師上起課來輕鬆許多，畢竟學生的心情已經在抵達教室前切換成正事模式。

秩序破壞王

在「預防vs.報復」這一章中，我們談到二十五個學生中，要是有二十四個站在我們這邊，那麼有一件事就變得非常重要，那就是不要讓這二十四個學生受到那唯一一人的負面影響，跟著開始調皮搗蛋。認識這三種模式對這種情況真的很有幫助。再想想開學第一天，要是二十四個學生都站在老師那邊，正事模式便會啟動。秩序破壞王想要別人關注，而這個人也是最常進入兒童模式的人。

我小時候是愛胡鬧的學生，想要以兒童模式獲得高人氣同學的關注。但為求最佳效果，我需要讓其他學生也啟動兒童模式。畢竟要是你也處於兒童模式，就會覺得我更好笑。但我並無法憑藉一己之力，讓他們進入兒童模式。猜猜我需要誰的協助？老師。我的目標就是讓老師情緒高漲，無法恰當管理課堂，最後也啟

動他的家長或兒童模式。因為要是老師切換至家長或兒童模式，其他學生會觀察老師的反應，並且輕而易舉地跟著切換至兒童模式。正因如此，同學才覺得我很好笑，或至少比他們在正事模式時來得好笑。一旦某位老師開始咆哮，以非正事模式衝著我說教，你可以聽見其他學生啟動模式開關的聲音。噠噠噠，切換成兒童模式。一旦教室裡的學生常常進入兒童模式，要改變他們就難了。事實上在踏進你的教室前，他們就已經是這種心態。為了讓學生進入正事模式，你自己就得先處於正事模式，若你是家長或兒童模式，就不可能讓他們轉為正事模式，事情沒有你想的那麼簡單。優秀老師知道這件事，也天天都在實踐。

為了讓學生進入正事模式，你自己就得先處於正事模式，若你是家長或兒童模式，就不可能讓他們轉為正事模式。事情沒有你想的那麼簡單。優秀老師知道這件事，也天天都在實踐。

同樣道理也可以套用在個別談話上。假設在走廊上，某位老師要求一位學生改進自己的行為舉止，這名學生在課堂上通常是兒童模式，所以老師才會想要談談這名學生的行為。當老師跟學生在走廊上一對一交談時，老師必須以正事模式溝通，否則學生會持續他的兒童模式。我們也許下意識對學生說教（家長模式），但這麼做反而讓學生更跳脫不出兒童模式，這位老師只會變得更沮喪，而學生回到教室後還是老樣子。哎呀，畢竟這位老師並沒有真正改變情況，反而助長了學生原有的心態。

在家裡

如果你有孩子，或自己也當過孩子（我猜大多數人都當過孩子），你或許可以回想家長要孩子打掃房間的情況。如果你想要孩子乖乖打掃房間，孩子打掃時，你希望他們處於哪種模式？正事模式。為了讓孩子進入正事模式，家長自己需要先處於哪種模式？正事模式。然而情緒低迷沮喪時，家長有時可能進入哪種

模式？家長模式，甚至是兒童模式（糟糕！）。結果你希望能好好打掃房間的孩子更深陷兒童模式不說，始料未及的是，聽見／看見／見識到你用非正事模式的態度對待自己的兄弟姊妹後，其他孩子也跟著進入兒童或家長模式。於是儘管這件事跟他們無關，他們也可能插嘴，對自己的兄弟姊妹說出不成熟的話語、做出幼稚舉動。我們甚至可以想到父母啟動兒童模式後，其中一個孩子切換至家長模式，像是母雞帶小雞，自願協助手足打掃房間。而這很可能讓家長更深深陷入兒童模式，讓原本已經存在的問題惡化。

「成年人」在對孩子／學生說話時跳脫正事模式是件很危險的事，會對許多人造成影響。這個做法不僅無法讓年輕人改變不當行為，甚至可能引導旁觀者走向負面情境。

每一天都重要

困難的不是你要學生進入正事模式時，自己也要停留在正事模式中。真正困

難的，反而是打從一開始就建立並且維持這種心態。優秀老師就會這麼做，並在這個有效基礎上建立關係。他們明白自己不能光靠建立關係混過一整個學年。

有時我們勢必對學生擺出家長姿態，譬如孩子在遊樂場跌倒、學生家裡出事等。有時兒童模式就很適合，也是很寶貴的時刻，和學生笑鬧總是令人開心的事。然而，我們真正想要的是培養專業語調，並在課堂上長期維持專業。

正事模式

正事模式的意思不是無禮，不是冰冷，不是不在乎，事實上恰好相反，這是一種積極正面、專業關心的態度。試想和真正的專業人士開一場商業會議，對方態度親切和善，開口閉口都是「各位先生女士」，和「麻煩了，謝謝」。他們很專業，並且努力讓彼此合作的過程有趣又有價值，就像你在課堂上拿出專業。

試想你和全球五百大企業開會，他們想必不會以蹙眉、說教、威脅迎接你吧。這些企業的正事模式不外乎是溫暖友善、帶著燦爛的笑容向你打招呼，詢問

你正式開會前是否需要什麼。他們已經排定時程，所需設施和技術也已經準備就緒。

優秀老師以正事模式展開全新學年，他們會以溫暖微笑向學生打招呼，說說自己展開新學年的興奮期待，甚至可能向學生坦言，開學前一週他們早已偷偷溜進辦公室，偷瞄了一眼班級名單，不敢置信自己有多幸運，班上是全校最頂尖的三十一個學生。

他們可能每週一的第一堂課都會說，自己早已迫不及待開始全新一週的課程，因為實在太想念可愛的學生。這種態度親切、友善、關愛，而這也是正事模式。

最近我帶領一個研討會，有人問：「要是老師一直處於正事模式怎麼辦？」提出這個問題的聽眾語氣忿忿不平、以食指對著我隔空猛戳，很像《小氣財神》裡的守財奴史古基。我回答：「這絕對不是正事模式。」我不確定他是家長或兒童模式，可悲的是這兩者有時不好分辨，但想當然爾，絕不是正事模式。專業人士絕對不可能這樣。

如果你有機會走進國中或高中，整天跟著一名學生行動。任何一名學生都會在走進不同教室的那一刻切換模式，資優生或表現不佳學生皆然。老師早就為同學期待的那堂課的模式定調，而學生走進教室時，也都是抱持那種心態。我們或許以為他們是跟著教室裡的同儕改變心態，可是這只是其中一個小小因素，影響更深的其實是老師打從開學第一天帶進教室的態度。

笑聲和微笑都可以是正事模式的一部分。優秀老師會在課堂上刻意經營正事模式，並且貫徹到底，讓學生能更有效率地學習。回想上一章，要是有個老師一開學就用兒童模式，努力跟學生打好關係，學生之後就會用這種心態期待那堂課。要是學生開學第二天帶著兒童模式走進教室，也就是前一天已經建立的模式，那他們或許會因為老師對學生的期待變了，覺得「遊戲規則」改變。這不僅對建立言出必行的形象沒有益處，也會對我們希望打造和珍惜的關係造成負面影響。

> 優秀老師會在課堂上刻意經營正事模式，並且貫徹到底，讓學生能更有效率地學習。

行為改正通知

試想現在有一個常見情況，一位老師已經受夠某位學生，於是將這名學生送到校長室，和校長進行懲戒面談。老師到達忍無可忍的極限時，請問這名學生處於哪種模式？最有可能的莫過於兒童模式。老師希望學生在課堂上的表現屬於哪種模式？老師希望／需要學生進入的是正事模式。最後，老師的情緒沸騰至最高點、送學生去校長室時，請問他處於哪種模式？很可能是家長模式。

這裡所示範的是絕對沒效的例子。為了讓學生或班級進入正事模式，老師也必須處於正事模式。某些學生能夠輕而易舉「打開我們的開關」，可是跳換模式絕不是長遠的解決之道。

當我們想要、並期望學生擁有相同心態，就必須以身作則，保持正事模式。為了做到最好，雖然不容易，這個做法卻非常重要。為了提供學生他們應該獲得、前後一致的教育環境，我們必須保持這個模式。回想上一章，就關係、期許、一致性這三方面來看，老師之間最常見的弱點就是一致性。如果我們盡可能保持正事模式，就能大步邁進一致性高的學習環境，這就是優秀老師建立並且維繫的課堂管理。學生值得，你也值得。

第八章

應該對誰抱持高度期待？

◎ 好老師對學生的期望很高，對自己期望更高。

最近，我對大批老師進行演講，正當我要說到重點時，聽眾中有位老師突然舉起手。雖然這不太尋常，特別是在這種大型團體，但是我仍停頓下來讓她開口。她問道：「你介意我們在你說話的時候批改考卷或看報紙嗎？」

這個問題出乎我的意料，於是我誠實以對：「我不介意你們在我演講的時候批改考卷或看報紙，」我說。「我完全不會介意——只要你們在教學過程中碰到學生在課堂上隨心所欲做自己想做的事時，也能處之泰然，那我就沒有意見。」一陣笑聲如漣漪般在室內擴散開來。我停頓了很長的時間，然後詢問聽眾：「你們之中有誰知道好老師會對學生抱著很高的期待？」當然，幾乎所有人都舉手了。

我把演講內容暫且擱置一旁，邀請大家更審慎思考這句話——在此我也邀請你一起思考。

高度期待重要嗎？

許多人都相信好老師對學生會抱有很高的期望，這點我也認同，但讓我們來釐清一個問題：這能作為區分好老師與其他老師之間的差異嗎？因為就連最糟糕的老師也會對學生抱著很高的期望，無論他們使用的教材多麼派不上用場，他們仍舊期望學生能夠認真參與；無論課堂多麼索然無味，他們也期望學生能專心聽課；無論老師怎麼對待學生，他們都希望學生能表現良好；而這些都是很高的期待。

重點不在於老師對學生有什麼樣的期待。老師們雖然在管教技巧上互有高下，但對學生的期許都很高，真正重要的關鍵，是**老師如何自我期許**。好老師對學生的期望很高，但是對自己的期望更高；較差勁的老師對學生的期望很高，對自己的期望卻相對低很多，甚至於，他們對其他人的高度期待也顯得不切實際。他們期望上面有一位毫無缺點的校長、每位家長都不會出錯、同事們對自己也很敬重。

我將注意力回到剛才提出問題、引起討論的老師。我以演講者的身分告訴她，我覺得引起聽眾興趣是我的責任，我認為我說的話很重要，而我也希望聽眾能全神貫注聽我演講。既然要獲得並維持聽眾注意力是我的職責，所以若我做不到，就得改變方法。就像在教室裡，我們必須不斷設法讓學生專心聽課，若學生分心，好老師就會自問該怎麼改變作法。

在我繼續演講之前，我向在場老師提出一項挑戰。我說，**對學生抱持高度期望很容易，困難的是要專注於自身的表現**，努力成為一名好老師，為自己設定甚至更高的期許。

我擔任籃球教練期間，曾在走進教職員會議時，迎來許多張吃驚的面孔。「你只是籃球教練……為何出現在這裡？」我的回答很簡單：「我要學生以學業為重，但要是連我自己都不能遵守同樣標準，不是說不過去嗎？」倘若連我們都不能督促自己負責，又怎麼能要學生負責？

第九章

課堂上的變數

◎ 好老師是教室裡的「變數」。他們專注於自己能控制的事——也就是他們自身的表現——並努力做到最好。

真正造成兩所學校不同的因素是什麼？教室裡最重要的是什麼？高成效的教育工作者知道上述兩個問題的答案。的確，他們知道真正的問題不是「什麼是變數」，而是「誰是變數」。好老師知道**教室裡的「變數」就是他們自己**。

誰是教室裡的變數？

有誰能預測明年校內哪個老師會送最多的學生進校長室？後年呢？當我詢問一整個房間的校長們這個問題時，幾乎所有人都舉起手。然後我問道：「你們怎麼會知道呢？難道學生名冊已經出爐了嗎？」這個答案相當簡單：他們之所以知道，是因為教室裡的主要變數不是學生，而是老師。

有趣的是，當我對任何一群老師拋出這個問題時，他們也會出現相同的反應。（通常沒有舉手的那兩三位老師就是最常把學生送進校長室的人。）既然我們都已經知道這件事，那我們應該能坦然討論。我向來主張，如果房間裡有一頭大象，便應該承認牠的存在，而不是躡手躡腳地避開牠，假裝牠不存在。這不表

示我們要攻擊這個皮粗肉厚的大塊頭，或者捉弄牠——我們只是正視牠的存在，並採取行動處理問題。

如果學生做得不好怎麼辦？

試著問自己以下問題：

◆如果全校最優秀的老師指派作業，而學生做得不好，（我們都知道這種事確實可能發生在最優秀的老師身上），那麼他／她會責怪誰？

可預期的答案是他／她自己。

◆如果換成由全校最差的老師指派作業，而孩子也表現得不好，那麼他／她會責怪誰？

可預期的答案是：孩子、家長、行政人員。（他們甚至會說：「如果我們學校還有一絲紀律的話，或許我們就能教會這些孩子一些東西！」）他們也可能怪罪去年的老師、毒品、音樂錄影帶，或是……

◆在課堂上，老師最能確實掌控誰的行為？

唯一可能的答案是：他／她自己。

以上的論點已經不證自明了。

這裡的變數為何？不是作業做得不好的學生，因為這兩組學生都做不好；變數就是老師自身的反應。好老師會不斷努力改進，專注於自己能控制的事情，也就是自身的表現，而其他老師則是等著情況有所轉變。好老師會從自己身上尋找答案，而較差的老師會從他處尋找解答。就我所知，他們甚至可以用很長的時間坐等事態好轉。

顯然，**最優秀的老師願意承擔自己在課堂上的責任**，最差勁的老師則不然。我在課堂管理的研究上耗費不少功夫，當我向老師談到行為問題時，你覺得我談論的會是誰的行為？當然是老師的！否則我們很容易因為不知所措而深感挫敗，但當我們將重點放在我們自身行為時，我們就感覺到**自己是有能力改變的**。

在學校體系的各個階層中，優秀的教育工作者會負起責任。有些校長會把自己的煩惱怪罪到學校董事會頭上，有些校長則設法教育學校師生。有些老師會唉聲嘆氣：「這是我遇過最糟糕的一群學生了！」有些老師則可能接受挑戰，盡其所能教好每個班級。多數的教育工作者或多或少都曾有過這種感覺，那就是他們處於社區關注的焦點，而好老師會願意讓自己置身於這個焦點。

> 當我們將重點放在自身行為時，就會覺得自己是有能力達成改變的。

我們要怎麼面對他人的要求？

很多時候，「接受責任」這個概念不只限於教育領域，雖然有時情況似乎是如此。我們不斷聽見或讀到外界對學校和老師的批評，為了挺過這些批評，我們得考量這些批評的來龍去脈。而其他人包括批評者在內，則會把重點放在自身的情況和需求。同樣地，每個人表現出來的成效，至少有一部分是取決於他們對自身的期待，而非來自他人的期望。

好幾年前，我的社區商會舉辦了一場會議，會議目的設定為「增進商業與教育間的對話交流」。督學要求我以校長的身分與本校另外兩名老師共同代表校區出席這場會議。我當時簡直受寵若驚——直到我們走進室內那刻才發現，圍繞著圓桌坐著約莫十五名商業「領袖」，我們三人是唯一代表教育界的人。

商業領袖先分享他們對「現今教育問題」的觀點，藉此展開對談。他們陸續吐露自己遭遇到的挫折感：「我們聘請這群人，但他們連加減乘除都不會。」第一個人首先發難，他的同伴跟著插嘴：「我們聘請這群人，但他們連閱讀或寫字

都不會。」冗長枯燥的陳述源源不絕：「我們聘請這群人，但他們的出勤率卻很低。」「我們聘請這群人，但他們卻無法與上司好好共處。」他們對我與本校的兩位老師可真是盛情款待啊！

會議進行約二十五分鐘後，我總算弄清楚問題了，於是誠懇的發言：「你們的憂慮似乎都遵循同一種模式。我們聘用這群人，但他們不會加減乘除、不會讀寫、不準時出席、也不聽從指示⋯⋯」這些商界領袖點頭如搗蒜。我望著他們問道：「是誰聘用這些人的？」我繼續說：「我曾經在高中擔任指導老師，卻從沒遇過有老闆打電話來，要求我推薦某位學生。如果你需要好方法來確定求職者是否會加減乘除，我們可以提供舊式的練習題，讓他們在十五分鐘內完成，但這不是我的重點。我想請問，我們在此面臨的變數為何？」

在這個詰問之後，我乘勝追擊，他們已經觸碰到我的中心信念——**接受自身的責任**——而且我才不會讓他們對別人設立高標準，卻無法以相同的標準要求自己。

「城裡有四間麥當勞，其中兩間服務品質優良，另外兩間的員工態度無禮，

為什麼會這樣？如果你去城東的雜貨店買東西，面對你的是笑容可掬的店員，而在城西的雜貨店，對方態度卻讓你覺得自己好像在幫他做根管治療！是什麼造成這其中的差異？這六間店所雇用的員工都來自同一批求職者，他們的薪資也相同，請問其中的變數是什麼？」

「我們都知道答案是商業管理人員的效率。驚人的是，高成效的經理會認為，雇請及訓練優質員工屬於他們的職責——正如同優秀的老師也認為，在課堂上教導學生是他們的職責，即使老師沒有挑學生的自由。」

「好，現在別一味只顧責怪了，我們來看看該怎麼合作，好讓我們在各自的領域達到更高的成效。」

呼！這些話我不吐不快——值得讚揚的是，他們也的確接受了。

承擔責任是高成效和低成效的老闆、老師、校長，甚至家長之間的主要差異。（哪些家長承擔起為自己孩子行為設定期許的責任？哪些則迅速怪罪他人？）身為老師，我們必須檢視自己對責任的接受度，不僅如此，還必須協助所有老師承擔責任，對自己在課堂上的表現負責。若我們對著鏡子捫心自問：「誰

才是變數？」將有助於使學校大幅進步。這個有力的方法能提升老師的績效，最終也能提高學生的學習成效。任何行業的成功都源於對自我的專注與著力，畢竟我們是自己最容易、也最能有效影響的變數。

能否承擔責任，是高成效和低成效的老闆、老師、校長，甚至家長之間的主要差異。

第十章

學生優先

◎ 好老師優先關注學生。他們視野寬廣，
能客觀正確的看待一切。

乍看之下，這條指導原則似乎再明白不過了，每位老師都樂於將學生置於優先位置，因為這難道不是我們選擇以教育為業的原因嗎？不幸的是，實際情況並非總是如此，「以孩子為優先考量」或「每次下決定時都顧及學生的最大利益」這些話說起來容易，卻不是所有老師都能身體力行。

為學生而改變？

在研究與撰寫關於引領教育改革的文章時，我發現一些很有趣的事。首先，我發現最大的挑戰是要讓所有人——或幾乎所有人——參與。簡單的邏輯論點也許容易奏效；只要證明某個提案的改革對學生有益，那麼我們便能得到完全的支持及參與的意願，將改革付諸行動。然而就像我們知道的，情況並非如此：有些人很快就跟隨任何新的潮流（恕我冒昧，有時我會稱他們為「狂熱份子」）；有些人會謹慎檢視每項提案，先是慢慢嘗試，最終才全心接納。此外，即使這個提案顯然對學生有好處，有些人就是會頑固對抗任何形式的改革，他們會努力——

或奮力——讓提案破局。這是怎麼回事？我的結論是，這一切都歸因於視野的廣度。

你的視野有多寬廣？

想想你們校內最優秀的老師，他們的視野有多寬廣？我從經驗中得知，這些教育工作者會全面考量背景因素，他們所作的每件事和每個決定，都能預設會對全校造成什麼樣的影響。他們會將整個學區、全國、甚至全世界列入考量，他們熟悉並重視自己的課程和專業領域，但也明白在有限資源下的利益衝突。

至於作為學校的中堅份子以及關懷學生的可靠老師，他們的視野有多寬廣？就我的經驗來看，這些老師的視野往往侷限於教室內。他們會根據變革會對他們所造成的直接影響，以及如何影響到他們的教學工作和學生，來考量他們的決定，或看待可能產生的改變。這不是在批判他們，許多人樂於安居在小小的世界裡，而一個班級二十五名學生已經需要很多注意力了！

接著還有第三種老師，他們的焦點又不同了。他們的視野只有牆上的鏡子那麼寬，這群教師通常會問：「這會對我造成什麼影響？」然後據此來因應變革。他們關切的不是「我的學生」或「我的科系」或「我的年級」，而是「這件事對我來說有什麼意義？」

想想改革進行時，事情會怎麼發展吧。也許某學區正在修改年度行事曆，或者學校要引進全新的技術，或是數學系正在實施全新的課程。最棒的老師——無論他們是一開始就全力採納或較為謹慎小心——都會問自己一個問題：「這對學生來說會是最好的嗎？」假如答案是肯定的，他們便會努力執行。其他人則可能會問：「這對我來說會是最好的嗎？」這就是為何我說讓所有人都「參與」會是一項挑戰了。

三種反應

時間是週二上午八點鐘，地點在里佛岱爾高中，一如往常，嶄新的一天在校

長透過校內廣播的訓示中展開。校長向全校師生致歉，太晚通知大家當天下午兩點鐘要舉行特別的全校集會，因此要取消兩點鐘例行的課。

六號教室的「了不起老師」十分錯愕，當天下午她已經為一堂語言藝術課程安排詩歌專題活動，現在卻泡湯了。她知道學生們一定會失望，有些人甚至已經準備好服裝，也背誦好詩歌了！「了不起老師」不喜歡這種讓大家掃興的突發狀況。

在走廊另一端，「平庸老師」同樣感到困擾，他本來打算利用這最後一小時備課的（有時他還能把這段時間改成自由時間）。而隔壁教室的「二流老師」嘴裡則不斷唸唸有辭，她一天要教五堂歷史課，這場集會會讓她當日最後一班的進度落後其他班級一天。現在她得去找DVD，播放給其餘四個班級看，這樣五個班級才能維持在相同的進度。（班級上課時間不同步，還要她跟著課堂進度走，真的很不公平！）

現在，如果這些老師提前兩週知道會有這樣的行程改變，他們會作何反應？

「二流老師」會開始尋覓DVD，這樣她就可以讓當日所有班級都在同一

天做相同的事。隔壁教室的「平庸老師」還是很困擾，因為集會將影響他的備課。走廊末端的「了不起老師」心裡則暗想：「我是否能做些什麼，好讓我的學生先有所準備？」或者她會問校長：「我是否應該計畫後續的討論和活動？」——好老師會先將焦點放在學生身上。

同事是第二重要的人

有句老話形容老師是「共用走道和停車場的獨立承包商」。現在團隊合作更加普遍，例如按照年級協調合作，或是依據科系別共同計畫。在任何情況下，珍惜與同儕之間的閒暇互動是再自然不過的事。不管是在休息時間當值、午餐督導、學生集會的時候，老師們都會彼此聚集在一塊兒。我們也許會談論難纏的學生，交換教學心得，或只是單純分享更新彼此的家庭新聞——這些都是很好的。

然而在某些情況下，這樣的社交活動卻可能中斷我們監督的職責。我們都知道，如果我們能個別在操場巡視，對學生而言會比較安全也比較好；如果我們能

分頭監督不同區域，學校餐廳也許會更平靜整潔，掉到地上的垃圾也會少了許多；如果我們坐在經常搗蛋的學生附近，而非全體站在班級後方，那麼集會時學生的整體行為也可能獲得改善。

好老師在應當監督學生時，會抗拒社交的誘惑，他們知道與其他老師互動的價值何在，因此他們只將同事視為校內第二重要的人。

加州旅館

不消說，你也知道教書是非常有成就感的行業，當然這份工作並不輕鬆。儘管路途顛簸難行，許多老師仍然保持積極樂觀，但有些人則可能陷入負面消極的態度，不斷抱怨。幾乎在每間學校裡，「消極南茜」和「沮喪唐恩」總習慣聚在一塊兒吐苦水，他們絲毫不在乎你是否加入，然而當你疲憊不堪時，卻很容易被他們吸引。

畢竟有時候他們說的確實很有道理：對於行程的更動，校長應該早點提醒你

才是；安排在學校餐廳的用餐時間從不調整實在不公平，害你非得等到很晚才能用午餐……也許宣洩一下能讓你好受一些。

當然，你也可以選擇正確的方式，例如你可以去找負責餐廳時間表的人，以專業態度表達你的疑慮。但是這麼做比較費時費力，直接加入抱怨行列簡單多了！

但請不要這麼做。教書已經夠辛苦了，抱怨能讓你當下感覺良好，但並不能讓你的工作更順利。當負面情緒蔓延——負面情緒是很容易蔓延開來的，工作只會變得更加艱辛。

以下是我的忠告：一旦加入抱怨大會，你就很難抽身了。「消極南茜」和「沮喪唐恩」每當有事情要抱怨，就會來找你分享，希望你能在他們危險的火苗上持續加油。說到抱怨，讓我想起老鷹合唱團名曲「加州旅館」中的歌詞：「一年四季／你都能在此找得到。」而最後幾句歌詞卻提出警告：「你可以隨時退房／但你永遠也離不開了。」

記得什麼是最重要的

先聚焦在學生身上，這有助於培養正面態度，而這種態度也能讓你維持良好的作法和習慣，讓工作發揮最大成效。不幸的是，最優秀的老師經常會聽見別人問：「你何必這麼早到？」或「你何必這麼在乎？」等，諸如此類的問題可能會教人沮喪，特別是新手教師（或是初到新學校的老師）。隨著學年推展，大家的身心變得愈來愈疲累，你也許也會開始懷疑自己何必如此在乎或努力呢？在這種時候，回想你選擇以教育為業的初衷是非常重要的。

當老師最棒的事情之一，就是「教育」這件事真的意義非凡，也能夠帶來改變，特別是為學生帶來的改變。教育之所以艱辛，是因為**每一天都很重要**。**教育能為每天帶來全新的改變**。把焦點放在學生身上，將他們放在優先位置，能讓好老師每一天都作出正確的決定，直到學年終了。

你如何看待你的暹邏？

音樂劇《國王與我》是我最喜愛的經典電影，尤．伯連納詮釋暹邏王，黛博拉．蔻兒則飾演被國王雇用來教導他成群子女的英國女人。雖然國王是個魅力無窮的人，卻也相當目中無人，他對自己的國家十分驕傲，教室裡所有的世界地圖都將暹邏描繪成一個大國，位居地圖正中央，其他國家則分布在四周。但安娜不會用這種方式教學生地理；她帶來一張真正的地圖，讓學生看見暹邏只是遼闊世界的一小部分。

我喜歡這個場景，因為它充分說明了人性；人類傾向將自己置於宇宙的中心位置，其中的問題在於觀點和比例，我們要怎麼讓自己置身於大格局？我們該如何看待自身的重要性？

安娜自信地捍衛自己的觀點，與此同時，她也清楚國王家族裡每位成員的重要性，藉由將焦點放在重要的事，她將更寬廣的角度帶入國王看待現實的觀點。我不用說明其餘的故事情節，但我敢說：安娜是個好老師。

當老師最棒的事情之一，就是「教育」這件事真的意義非凡，也能夠帶來改變。教育之所以艱辛，是因為每一天、無時無刻都很重要。

第十一章

無時無刻

◎ 好老師在課堂和校內營造正面積極的風氣。
他們尊重每一個人，尤其明白讚美的魔力。

優秀老師有一項特點，那就是他們會**在課堂和校園內營造正面風氣**。有太多事情可以讓老師情緒低落：沮喪的家長、製造麻煩的學生、有限的資源，這些都是這份教育工作的真相（也是人生的真相）。身為教育工作者，我們的角色就是採取正面的態度——而且是無時無刻都必須如此。

優秀的老師無時無刻都會尊重每一個人。當然，就連最好的老師都不見得會喜歡所有的學生，但他們卻表現得**彷彿自己真心喜歡每一個學生**。好老師能夠理解讚美的力量。

忘不了那一次

以尊重的態度對待某些人並不困難，甚至要尊重大部分的人也不難，有時候，要尊重所有的人也是可能的。但其中真正的挑戰在於，**無時無刻都要以尊重的原則對待所有的人**。在我們的工作崗位上，多少都會遇上某些場合，某位領導階層的人物以不合理的態度對待我們。無論這件事是多久前發生的，或那個人平

時待我們有多好，但我們始終都會記得這些時刻。在學校裡情況也是如此。如果我們只是一個月一次，甚至一年才一次以尖酸刻薄或譏諷的方式對學生或同事說話，那麼我們很可能已將這些話深深烙印在他們的心裡。也許他們假裝早已將那件事拋諸腦後，但事實上，他們絕對忘不了那次經歷，更糟的是，在旁見證這一切的人很可能也會記得。

你不必真心喜歡學生

在為教育工作者演講時，我經常引用我當校長時的一個例子。每年我都會提醒教職員：「你不必真心喜歡學生，只要表現得好像你很喜歡他們就夠了。」原因很簡單：如果你不表現出喜歡他們，你的學生就不會覺得你在乎他們，那麼即使你是真心在乎他們也沒有用了。而如果你表現得似乎真的喜歡他們，那麼你對他們的真實感覺也就無關緊要了，對吧？

想想你最景仰的老師吧，他們是否喜歡某些學生勝過其他學生？自然是有

的，但請你回想一下：他們是怎麼對待自己最不喜歡的學生？優秀的老師以一視同仁的態度對待他們。每位學生都可能是他們最喜愛的學生，無論他們是否真心喜歡某位學生，都能表現得彷彿真心喜歡他。

現在再回憶一下你所認識最差勁的老師。當然他們會有自己最喜歡的學生，但從他們的行為看來，你可能會以為他們根本不喜歡任何學生！我們的行為比想法更明顯，本書稍後會進一步探討這個概念。

讚美的力量

高成效的老師會用正面的觀點對待學生。他們也特別能明白**讚美的力量**。對很多人來說，學習如何讚美也許是項挑戰。身為老師，我們可能覺得指出錯誤、把注意力放在錯誤的事情上，是再簡單不過的事了，然而高成效的老師會找機會發掘出他人所做對的事情，也知道該如何誇獎做對的人，如此一來，這些人就會繼續做出正確的事。

五種使讚美奏效的策略

班・比索爾（Ben Bissell, 1992）描述五件有助於使讚美奏效的事——能使讚美產生最大正面成效的重要元素。讚美若想收到成效，那就必須是**真實**、**具體**、**即時**、**動機單純**，**而且是私底下的給予**。就讓我們將以上這些普遍的原則套用於日常生活，針對特定的情況加以激勵與讚美吧。

首先，「真實」指的是我們得為了真實發生的事讚美他人、為他人的實際作為給予讚賞，這很重要，因為讚賞某件真實發生的事，是永遠都有說服力的。有人會說他們之所以不常誇獎他人，是擔心如果太常這麼做，恐怕會失去可信度，或變得不具說服力。避免這種情況的作法就是確保讚美的內容是真實的；沒有人會因為真實發生的事被稱讚太多次，而覺得自己受到「太多」稱讚。「真

讚美若想收到成效，那就必須是真實、具體、即時、動機單純，而且是私底下的給予。

實」不必是什麼驚天動地的豐功偉業，這裡唯一的要求就只有「實際如此」。你不用等到朋友瘦了十公斤之後才願意開口稱讚他，他更不會介意才跑了十天操場，就聽見你誇他變好看了！（事實上，這正是他需要聽見這番話的好時機。）身為教育工作者，我們有許多機會可以發現別人做對了事情，而每次的發現，都是給予真誠讚美的良機。

第二，有效的讚美必須具體。被我們認可的行為往往得以持續下去，若我們能以具體的讚美來認可他人的努力，那麼就能教他們認識這些努力的價值。例如，在課堂上讚美一個能有效提問的學生，便能夠強化他的這項學習技能。具體的讚美也能讓你以真實的方式鼓勵他人。如果你能掌握具體的原則，那麼你就可以讚美班上所有的學生了——即使是表現吃力的學生。當然，如果事實並非如此，你也不必勉強誇獎某人在學業上的表現很優秀，或者是報告寫得很出色，你只要指出具有優點的部分並加以讚美，那麼就達到目的了。

我想起一名叫艾倫的學生。當時我在當校長，二月的某一天，我在學校的玄關注意到艾倫穿了一件新的毛衣（我在校長室見過他的次數多到我都知道他的衣

櫃裡總共有哪些衣服了）。當艾倫緩緩走近時，我對他說：「天啊，艾倫，你身上這件毛衣還真好看！」艾倫先前沒什麼機會對我展現笑容，但當天早晨他卻對我報以微笑。不只如此，此後三週他都穿著同一件毛衣上學，也充分讓我注意到這點：人人都喜歡真實又具體的讚美。

第三：即時讚美。這個意思是立即誇獎他人的積極努力和貢獻；在好事發生的當下或短時間內給予真實具體的回饋十分重要，這麼做可以達到有效的鼓勵。我們很幸運，在教育的路上，每一天都能有許多機會給予遭週的人最即時的回饋。不管是學生們格外努力、班級表演大放異彩，或是同事在休息時間清掃了職員辦公室，我們都可以立刻說：「幹得好！」我們愈常這麼做，讚美就愈能成為一種習慣。

第四，讚美時必須動機單純。通常這是一種頗具挑戰性的期望，特別是對教育工作者而言。單純的讚美可分為兩個部分。

若你讚美別人只是希望對方往後能有所回報，那麼這種讚美就不算單純。換句話說，你必須真心讚美，而非說些沒有意義的好聽話以求回報。請時時提醒

自己這點，否則你很容易就會想放棄讚美，因為你覺得這麼做「沒有用」。例如，你可能在週一讚美某個學生的家庭作業做得很好，但這個學生到了週五卻對你口出惡言——請不要將這兩碼事混為一談。我們經常認為行為不當或態度不好的學生是在針對我們，雖然我們的目標是讓他們改正，但我們必須知道，他們的行為通常與他們自己的感覺有關，而無關乎他們看待我們的方式。

動機單純的讚美的第二個層面對教育工作者也相當有挑戰性：假如讚美和鼓勵的動機要單純，就不能加上「但是」兩個字。例如當我們讚美一個學生：「我很高興你今天對數學作業下的功夫，但是你也得完成社會科作業。」那麼對方很可能只會記得「但是」之後的那段話，也就是批評。如果我們真心讚美某個人，那麼把這兩句話區隔開來是非常重要的，因為如果只說「我很高興你今天對數學作業下的功夫」，那麼這個讚美就顯得真實、具體、即時、正面，也能激勵學生的行為。這種陳述有助於讓我們釐清並強化期許，讓學生知道應該如何完成作業，而且在日後也很可能繼續以同樣方式完成作業。至於另一句話：「你也得完成社會科的作業」應該選在其他時刻，以另一種方式跟這個學生說。如果這兩

句話湊在一起，恐怕會減弱效果、甚至抹煞讚美的價值。（「喬，你最近看起來很苗條，但是我忍不住想，你的頭髮是怎麼了？」你認為這整句話的哪個部分會具備持久的效果？）

最後一點，有效的讚美是在私底下給予的。比索爾博士相信，在大多數的時間裡，讚美必須選在私底下說出口。我同意這點，如果你有疑慮，可以趁四下無人時誇獎某個人。有的老師會說：「我按照分數高低發回考卷。吉米，先來拿回你的考卷吧。」通常這麼做會使得吉米以後盡量避免考最高分，否則其他學生恐怕會在下課時間找他出氣。

同樣地，在大家面前公布某位學生得到平均九十五分，或許看似有激勵作用，但許多學生還是寧可你私下告知，因為拿到這麼高分也許不是什麼很「酷」的事。私下為這群榮登「資優榜」的學生慶祝，或者寄封信給他們的家長，也能達到同樣的效果，同時也能避免同儕對他們產生怨恨。實際上，校內學生很少有人可以拿到如此高的平均成績，可是看見有人被讚美，也不可能讓其他學生一躍成為資優生吧。

無論你選擇如何激勵他人，時時「說出讚美」都是必要的。沒有人不喜歡被讚美，而如果我們以正確的方式讚美他人，就不會有過度矯情的疑慮了。當你質疑這點時，不如這麼想：你曾被過度讚美嗎？當然沒有！也許你曾被假意奉承過，但如果這份讚美是真心的，那就永遠也不嫌多，是吧？

我和老師們共事時會時常提醒他們，要給予多少讚美是我們自己的選擇。此外，每當我誇獎別人，至少都會有兩個人感覺良好——其一就是我自己。既然如此，教育工作者何必遲疑開口讚美呢？以下是我詢問校長和老師為何不願讚美時最常聽到的理由，現在我們來檢視這些想法。

理由：如果我讚美他人，他們就不會繼續努力了。

我的回應：如果有學生說喜歡上你的課，那麼你隔天會偷懶只播放錄影帶嗎？不會的，你只會更努力。再想想，哪種評語會讓你更努力控制飲食：「你看起來很好看！」還是「你早該這樣了吧？」如果鄰居誇獎你剛修過的草皮，難不

成下次你會隨便除草嗎？我想應該不會，甚至你還可能更用心地修剪一整片草皮呢！如果你懷疑讚美的效果，那請到我家看看我鄰居的草皮吧！真心的讚美是很有效的鼓勵方式。

理由：如果我讚美某人，很可能會漏掉讚美其他人，讓別人覺得不舒服。

我的回應：如果是這樣，那麼永遠不去讚美他人，難道會比較好嗎？如果我們刻意「漏掉」所有人，這下子我們又顧慮到誰的感受了？或許我們擔心的不是他們的感受，只是不想因為遺漏某人而讓自己難受，也或者因為我們不確定別人的反應，所以不願試著讚美。那些因為其他人被讚美而心生不滿的人，主要是覺得自己沒有受到重視，所以解決之道不是減少讚美，而是**更加全面、慷慨的讚美他人**。讚美對積極向上的高成就者來說，就是讓他們能發揮成效的關鍵。

理由：我沒有時間。

我的回應：是啊，畢竟我們連發牢騷或嘀咕抱怨的時間都沒有了，怎麼還會有空去讚美別人呢？（抱歉，我的口氣聽來很諷刺嗎?!）

現在除了你自己以外，寫下校內三名最常讚美別人的老師名字，再寫下三名校內最優秀的老師，看看是否重疊？

即便我不認識其他人，但我也希望別人以好老師對待學生的方式稱我為先生或女士、永遠都聽得見「請」和「謝謝」，能持續以尊敬與莊重的態度對待我，這些對我來說都是再好不過的事。營造正面積極風氣的老師能影響校內每個人的互動，我們得確定自己即使再不樂意，也能做得到。（而且請記得，讚美別人有助於營造正面積極的風氣）將注意力放在課堂和校內正面的事上——好事可是不勝枚舉的——能讓我們維持動力與活力，撐過較低潮的時刻。如果我們不創造正面積極的風氣，那麼由誰來做呢？如果我們不把焦點放在有建設性的事物上，那麼唱反調的聲音大行其道，我們還有什麼好驚訝的呢？

建立彼此尊重的典範

我知道本書的讀者都會面臨許多愈來愈高的要求，包括特殊教育、另類教育、遠離毒品教育、性教育、當然還有全新的各級考試標準等，這些要求都影響到我們的學校和我們的職責，每一項可能都很重要。我們也許永遠都在爭辯其中一種是否足夠，而另一種是否太嚴苛，但我能確信一件事，那就是：我們永遠都不夠好。

優秀的教育工作者明白，教師最重要的職責之一，就是**成為行為合宜的典範**。我們在學校要面臨這麼多的挑戰，有時連在家裡遇到的挑戰也不少，而對待他人友善似乎只是不怎麼重要的小事。但是，若我們在課堂和學校中，都把這個原則視為基礎，那麼再多的挑戰也就不那麼令人怯步了。不斷以身作則示範人們應該如何被對待的老師給了學校一份珍貴的禮物，而這份禮物是未來學校內的每

我希望別人都能以好老師對待學生的方式來對待我。

個人也能相互贈與的。

當全校的人都能彼此尊重時，你可能不會特別覺得有什麼好處，但如果校內所有人都不尊重彼此，那麼你就絕對感受不到任何好處；這一點是我能確定的。

第十二章

發揮濾網的功能

◎ 好老師會濾除無關緊要的負面情緒，
分享積極正面的態度。

老師就是學校生活的一片**濾網**，無論我們有沒有意識到這件事，我們的行為都奠定了校內的風氣。如果學生聽見我們對某件事發牢騷或抱怨，即使事情微不足道，也可能在接下來幾天成為校園內茶餘飯後的話題。同樣地，如果我們以正面的態度處理事情，那麼學生也會反映出正面的態度。最優秀的教育工作者知道這一點，並且會謹慎選擇自己的濾網。

「你今天過得好嗎？」

身為教育工作者，我們每天都常聽到這個問題。我們的回應不但影響他人如何看待我們，也影響了問候者的心情。此外，我們可以選擇如何回應。你可以對一位老師報以微笑道：「很好啊！你呢？」或是回答：「那個吉米．華勒士真讓我心煩！」然後忽然間，吉米．華勒士也惹到那位老師，無論他認不認識這名學生。

你可能會想，哦，沒辦法，事實如此，你不願意撒謊。所以當二年級學生問

你喜不喜歡他們製作的壁畫時，你要怎麼告訴他們？或者，你要怎麼回答這個問題：「親愛的，我穿這件褲子看起來很胖嗎？」這些時候，是什麼東西可以通過濾網，完全取決於我們自己。

憤怒的家長

以下情境可以用兩種方式過濾，讓我們來個別檢視。假設我是班導師，正私底下與某個怒氣沖沖的家長碰面。一如既往，史密斯太太的確是憤世嫉俗，而我碰巧得坐在那兒聽她發洩情緒。當她離開後，我在走廊上遇見一位同事，他隨意地寒暄道：「嗨！今天過得如何？」這時候我可以選擇。

我可以選擇過濾自己的回應：「很好啊，你呢？」要是那名老師也覺得世界很美好，那我們就可以繼續微笑過日子。但如果他有煩惱，至少我也沒有加深他的煩惱。

或者我可以這樣回應：「噢，我剛才碰見那個可怕的家長史密斯太太，她的

脾氣可真大！真希望我永遠都不用再與她打交道了。噁！」這下子我幹了什麼好事？我恐怕讓這位老師開始畏懼史密斯太太了，而且要是我告訴更多人關於史密斯太太的事，恐怕會讓校內所有老師都開始擔心自己哪天會碰上這個惡名昭彰的巫婆。有些人可能會擔心教到姓史密斯的學生，或遲疑著不敢打電話給家長（尤其是姓史密斯的家長）。我已經讓他們從有信心接近學生的教師，變成杞人憂天的老師。

不管怎樣，我的回應都會影響到學校的人。所以，如果不告知他人這則無謂的壞消息，我就能創造出更有成效的環境。

自我過濾

傑出的好老師若是心情不好，請問教室內有多少人知道？一個人：老師本人。若是低效能的老師心情不好，請問校內有多少人知道？全校上下都知道。這位老師通常會昭告天下，唯恐眾人不知他心情不好。

當老師打噴嚏

「老師打噴嚏，全班都感冒」；這個道理無所謂對錯，只是陳述事實罷了。**我們擁有重要的影響力**，因為**我們關注的焦點也會成為學生的焦點**。如果我們受到學生信任，而且跟他們保持關係良好，學生便會努力討我們歡心；但如果我們不被信賴，學生就會跟我們唱反調。學生每天來上課，總是預期我們能奠定課堂上的學習風氣，如果我們建立了正面專業的風氣，他們也會配合；而如果我們表現出負面對立的態度，他們也會以同樣方式回應。

我們經常聽到一句話：「你必須贏得學生的尊敬。」然而學生們表現最良好的日子，便是開學的第一天。這份尊敬是我們贏來的嗎？我們是否在暑假期間就已經與學生和家長建立好關係了？當然沒有！開學的頭一天，是學生「主動」對我們畢恭畢敬，我們則要決定如何對待這份禮物。最好的老師在往後的一年裡，會持續培養這份尊敬。

每日一目標

我一向喜歡參加教職員會議。身為校長，我珍惜與優秀而稱職的老師們共處的機會，因此我會盡量不把這寶貴的時間用來宣布行政或總務事項。我盡可能以正面的口吻結束每一次會議，讓老師帶著活力與熱忱面對接踵而來的挑戰。無論會議的目的、內容或討論的主題為何，我總會設立一個基本目標：我希望老師**對明日的教學比今日更投入**。

好老師在課堂上也會使用同樣的方法，不管課程內容是什麼，好老師都希望學生對明日的學習比今日更投入。

我有個朋友曾經分享一則發生在幼稚園教室的故事。課堂剛開始時，老師對學生說：「我想今天的休息時間我們都會待在室內，因為今天我來上班的路上，天空下起雨了。」一陣沉默後，其中一名小朋友舉起手問道：「妳在哪裡上班？」

每一天，我們都得決定要將什麼帶進教室。即便我們覺得精神不濟時，都必

須過濾掉負面能量，不要讓學生覺得我們只是來這裡應付一份工作而已。如果我們表現出想來學校好好教書的態度，那麼我們的學生也會以正面能量回饋我們。

教師休息室

我不時會詢問老師們：「關於學校的教師休息室，你們會給實習老師什麼樣的意見？」大多數的人通常都會回答：「千萬別進去！」這不是很可惜嗎？我不知道有任何一門大學課程教授了在教師休息室抱怨的課，然而有些第一年執教的菜鳥老師似乎才到了十一月，就已經學會抱怨了，他們是從哪裡養成這個習慣的？

也許要知道新老師將來是否會在教師休息室抱怨，就取決於現在他們是否聽見我們在休息室抱怨。好老師不會加油添醋跟著同事一起抱怨，反而會過濾掉怨言和負面情緒。

休息室應該是老師們放鬆交流、享受友誼的地方，而專業的教職員則會在工

作的場合彼此支持、互相鼓勵。當然，老師的工時長、薪水又低，但我們真的想在閒暇片刻把注意力放在這些不滿上嗎？教書是吃力的工作，但我們可以選擇以正面態度，將注意力放在這一行的回報與挑戰上——好老師就會這麼做。

學校以外的世界

幾乎毋需贅述，好老師會明確區隔出私人生活與課堂上的時間。每個老師都應該表現出自己的專業，教室並非討論婚姻問題或抱怨薪資微薄的地方，甚至也不是讓學生看家裡寵物搗蛋影片的好所在。

好老師也會將校內的問題留在學校裡。我最近接觸的一所高中正在爭論是否該採行時段編課（block Scheduling）。意見相左的兩個陣營的老師都堅持己見，引起我注意的是學生的參與度。在某些班級，老師會主動針對這項改革進行遊說或表示反對。有些老師會鼓勵學生發起請願，或鼓吹家長出席學校董事會議，但有些老師在教室中卻絕口不提此事，就算有人說起這個話題，他們也會冷靜以

對。優秀的老師擁有**平息風波的影響力**，而非為爭議搧風點火。

> 好老師不會加油添醋跟著同事一起抱怨，反而會過濾掉怨言和負面情緒。

「這群孩子是我教過最差的一群」

你是否曾聽過這種抱怨？似乎都是同樣的那兩、三個老師，在每年的固定時刻開始反覆叨念這句話。他們已然倦勤，和學生相處的蜜月期也早就結束了，卻沒有在課堂上發展出積極的師生關係，而眼看學期中就快來臨了。這類抱怨無助於解決問題，而的確，在我的經驗裡，這類說詞通常也沒有事實根據。

在最近一次的晚間家長會議過後，我聽見一名老師抱怨：「他們只在乎自己的小孩！」我暗自竊笑，不然她以為家長會在乎誰的孩子？（當你將愛車送修時，難道你會在乎隔壁間的汽車當天是否能修好？）難道這位老師寧可與不在乎

自己孩子的家長討論問題？

當我聽見有人抱怨「這群孩子」時，我就想起修車技師說：「不好意思，先生，我沒辦法修好你的車——因為預算縮減，今年修車的人手相對不足。」這個藉口能讓客人感覺好一點嗎？如果他繼續抱怨「這是我碰過最糟糕的一批車子了！」到了這個地步，我不知道你會怎麼做，但是我會開始尋覓另一名修車技師來檢修我的愛車。

觀感可能成真

身為教育工作者，我們都瞭解**觀感可能成為事實**。「這是我教過最差的一群孩子」，說出這句話的人很快會開始這麼相信，最後他們會以這種觀感對待學生；不幸的是，學生也會跟著如此表現。優秀的教育工作者知道改變觀感的最好方式之一，就是**建立其他觀感**。在此我要分享我任職校長第一年時發生的例子。

我是在七月時受聘的，當時我還沒見過其他老師，我正式到職後，老師們開

始到我辦公室找我。他們相繼抱怨學生：「這是我教過最差的一群孩子」，這讓我十分害怕展開新學年。我還記得自己想著，這群學生肯定與世上其他學生迥然不同吧。開學當天，在我巡視學校察看各班時，我心裡想著，這群學生這麼壞，他們搞不好開學第一天就蹺課了吧！

不過當然了，學生們全都到場了，他們似乎並非我所認知的麻煩學生。因此我瞭解到，老師的觀感會表現在他們對學生的態度，最終表現在教學上。如果我不能改變這些觀感，它們不消多久便會成真。我思忖著該怎麼做。

學年過了一個月左右，我參加了年度州際會議。一場安排成圓桌討論的會議最後成了各校校長的抱怨大會，每個人都在描述自己遇到的「大麻煩」。我正巧坐在一間有錢學校的校長身旁（我們暫且稱它作「鄉村俱樂部高中」吧！）。我一直以為鄉村俱樂部高中不可能會出問題，他們的測驗成績向來很傑出，他們的體育校隊一直都是常勝軍，教職員薪水也是全州最高的。所以你可以想像我有多麼驚訝，當他們校長說他們最大的問題是學生會「褲渡」毒品——把毒品藏在底褲下，避免被搜查到。這著實讓我能更客觀地看待教育的問題，因此我決定把這

個觀點分享給校內老師。

在一次教職員會議中，我告訴他們這件事。當我報告說，我就坐在「鄉村俱樂部高中」校長身旁時，全體教職員倒抽了一口氣，彷彿我遇到的是電影明星。然後我告訴他們，那所本州最具聲望的明星學校學生經常將毒品藏在底褲裡，聽到這裡，我的員工全都啞口無言。最後，我描述我們學校最大的問題是：丹尼斯．紐頓的置物櫃門會不斷卡住。雖然聽我嘗試輕描淡寫這個校內的「嚴重」問題時，大家都忍不住笑了出來，但此刻所有老師都能理解：「我們教過最糟的一群孩子」帶給我們的挑戰，其實不過等同丹尼斯．紐頓置物櫃門的問題罷了，根本比不上「褲渡」毒品那麼嚴重。

我們很幸運能在教育界工作，有時我們只是忘了自己多幸運罷了！不斷濾除不必要的負面情緒，**分享正面積極的態度**，能讓我們營造更成功的教學環境。無論有意或無意，我們都決定了課堂和學校的風氣。

我們很幸運能在教育界工作，有時我們只是忘了自己有多幸運罷了！

第十三章

毋須事後的修復——卻永遠都值得修補

◎ 好老師努力維繫良好的人際關係，避免傷害學生的個人情感，並修補任何可能造成的傷害。

在第十一章中，我們曾說明必須以尊敬和莊重的態度對待所有人作為努力達成的標準，最優秀的老師就十分接近這個標準。我們多半都有經驗：曾共事過的同事或老闆通常很和善，但偶爾也會火山爆發。遺憾的是，他們一時的脾氣失控，可能會造成永遠都無法彌補的個人傷害。

身為教育工作者，一旦我們陷入這種情緒，可能永遠都不曉得自己會對別人造成什麼傷害。當我們失去耐性或變得不專業時，很容易亂箭傷人，我們自己也許會忘記發生什麼事，但中了我們的箭而受傷的人可就不同了。當然，學生可能仍會禮貌地對待我們，畢竟他們無從選擇，或者說，因為他們也害怕再次受到這種對待，但是此後我們之間的師生關係就不再相同了。優秀的老師理解這一點，於是他們會試著每一天以都尊重的態度待人處事，他們知道一段關係一旦遭受破壞，便有可能難以修復。這也就是為什麼優秀的教育工作者——包括校長和教師——都必須對自己的每句話、每個舉動特別謹慎，他們盡量避免作出傷害的舉動。當然，成效最高的老師做到的不只如此。

有些老師從不需要修復關係——卻不時在修補傷害

我注意到最優秀的老師具備一項特質，那就是他們不會作出傷害到學生的行為。他們嘴裡不會冒出尖銳的言論，也不會伶牙俐齒的反駁或貶抑學生，讓他們在同儕面前難堪。相反地，他們會不斷誇獎學生。此外，雖然最優秀的老師很少需要在課堂上修補與學生的感情，但他們卻不吝於持續這麼做，只為了以防萬一。

想像一下你們學校最有活力的老師吧，他可能會在週二早晨為自己在週一做的事向全班道歉，藉此展開一天的課堂：「各位同學，如果我昨天的表現缺乏耐心，那我要說聲抱歉。因為我當時不是很舒服，而且課程進度也落後了。如果我對哪位同學的態度有點暴躁，我想讓你們知道，我是真的感到抱歉。」

全班同學當然會瞪大眼睛茫然以對，他們覺得昨天的課很棒啊！事實上，還是他們昨天一整天中最棒的一堂課。好老師的這種舉動不但能展現他們極度纖細的一面，也能讓學生建立起信心，增加對老師的信任。如同我們先前所提到

的，最優秀的老師對他人抱有高度期待，但是對自己的期許更是高出許多。他們會努力讓師生關係處於良好的狀態——避免對個人造成傷害，同時修復任何可能造成的傷害——而其他人也會感受到這份誠意。

以下讓我們將高成效教育工作者與低成效教育工作者的作法作個比較吧。

有些老師總是需要修補關係——卻從不這麼做

形容一下學校中說話技巧最差或是最咄咄逼人的老師，他們的言行舉止、身體語言，以及說話聲調是怎樣的？他們心情不好時會怎麼對待學生？他們是如何踐踏學生的感覺和自我價值？（很抱歉讓你心情不好，但我們腦中必須想到具體的人和行為。）他們是否曾經以可能傷害到他人感情的方式對待別人（無論對象是學生或他們的同事）？是否需要修補傷害？當然需要！你知道這點，他們課堂上的學生也知道這點，唯一不知道的人，恐怕就是冒犯別人的這些老師了。

不管是否出於故意，這些人不時會冒犯、羞辱別人，比起他們的舉動，他們

傷害別人的原因可能微不足道，特別是對被他們侮辱的人來說。然而，這些人卻很少認清自己有修補傷害的必要，重點是，他們也絕少試著修補。

這種情況有兩層含義：一，我們不該將焦點放在逼他們承認錯誤或強迫他們道歉，而應該將時間和精力用在幫他們建立起「社群技巧」，否則他們會與修補的問題糾纏不休。我們必須努力改變他們的作法，這樣他們就毋需事後修補傷害了。再者，我們也想讓他們能更容易地面對這些傷害。是什麼讓他們不願道歉？通常的原因是自信不足，或者——銅板另一面——他們的自尊或自我從中作梗。我們也許無法直接處理問題，但如果可以找到方法讓他們願意道歉，這樣一來，我們就不必改變他們的想法，便可以直接改變他們的行為。現在讓我們看看其中一種方法。

「發生了這種事，我感到遺憾。」

在《對付棘手家長》（*Dealing with Difficult Parents*）與《在棘手情境中對付家

長》（*Dealing with Parents in Difficult Situations*）這兩本書中，我提到一種方法可以讓教育工作者用來平息咄咄逼人的家長。無論情況的細節為何，教育工作者都可以這麼告訴家長：「**發生了這種事，我感到遺憾。**」不可思議的是，這句話絕對是千真萬確的。每次我遇到渾身充滿火藥味的家長，無論發生了什麼問題，我都真心感到遺憾（姑且不論到底是什麼事）。

我不是在表明這件事都是我的錯。我這麼做不是要認錯或怪罪他人，只是單純為發生的事感到遺憾。家長愈是無禮，我就愈是為了發生這種事感到遺憾！我會再對自己加上一句：「發生這種事，我真的感到遺憾，否則我現在也不用和你攪和在一塊兒啊！」當然我們怎樣都不能和這些人公開自己私下的想法，必須永遠維持專業態度，這也是一種「過濾」。即便如此，簡單的一句「發生了這種事，我感到遺憾」，就是平息波折最有力的技巧。

當然，這不限於跟家長的應對，任何時刻，只要有人跟我分享壞消息，我都會為發生的事感到遺憾。例如同事申請補助金遭拒，我會說：「發生了這種事，我深感遺憾。」有個孩子摔跤、跌破膝蓋，我也會說：「發生了這種事，我感到

很遺憾。」同理，害她跌跤的並不是我，我只是對發生的事感到遺憾難過而已。

每位閱讀本書的老師可能都已經知道、也會使用這個方法，但真正的挑戰不是培養或實踐這項技巧，而是如何將這個技巧傳授給學生或其他老師。如果他們學會經常使用這個技巧，就可以減少未來修補傷害的機會。如果連最負面的學生和老師都能駕馭這個技巧，對他們來說不是也挺好的嗎？（對我們或學校來說也挺好的）。

所以，如果遇到家長抨擊老師，無論情況為何，我們都可以建議老師們以專業又同情的口吻說：「發生了這種事，我深感遺憾」。在最頑固的同事面前，我們不妨跟他們分享內心獨白，建議他們如果覺得這麼回應很勉強，就偷偷對自己說：「否則我現在也不用和你攪和在一起啊！」因為畢竟他們不必真心覺得抱歉——只需要表現得像這麼一回事就好，甚至可以再對自己補上一句：「事實上，我很遺憾看見你搬進我們的學區！」有時我們確實會有這種感覺。

當然，我們必須強調，身為專業人士，絕不可以在說話語氣或身體語言上表現出嘲諷或輕視的態度，但在我們的內心卻可以為所欲為。畢竟我們最希望這群

消極老師能改變行為，如果他們是為了自私的理由才改變，倒也無甚大礙，重點不是他們為何改變，而是他們已經改變了。

身為一名校長，我努力培養並提升教職員的技巧，但與此同時，如果我們也能把這些技能傳授給學生，便可以得到豐碩的成果。

高速公路巡警

我們都知道成為成功專業人士的重要技巧，身為教育工作者，我們必須努力讓學生發展這些能力。有些學生多少具備了某些能力，卻從來沒有機會培養。對他們來說，常常展現修補技能的老師可能就是重要的學習榜樣，而這些老師**除了成為該項技能的典範，也有責任向他們傳授這項技能**。

身為校長，我有很多機會可以傳授這項技能。想想那些因為不願合作或跟老師爭執而被送進校長室的學生吧。如同所有的管教，重要的是我們必須專注於預防，而非著眼於懲罰。既然我們改變不了已經發生的事，那麼我們能做的就只有

試著避免事情再度發生，而且我們都清楚，每位學生都應致力修補眼前的「危機」，這就是我們協助他們學習的機會，讓他們認識到**修補關係對他們來說大有好處**。

以下是一個例子：

強尼被送出史密斯老師的課堂，來到我的辦公室，當他來的時候，我問他：「強尼，發生什麼事了？」他回答說與史密斯老師起了爭執，於是被送來校長室，他帶來的約談表格也證實了這個說法。「史密斯老師生氣了嗎？」強尼再次承認了這個顯而易見的情況：「對，她真的氣壞了。」而這時就是我與強尼分享高速公路巡警故事的機會了。

「強尼，在我去找史密斯老師並親自跟她談過之前，我無法決定你的懲處。」（這套明智的作法也應該成為你們學校的慣例，這會讓老師們感覺自己受到支持、有決定權。）「可是強尼，我在午餐之前沒有機會見到她，所以如果我是你，等這堂課一結束，我會趕緊到史密斯老師的教室親自向她道歉。我會說，」（我具體告訴強尼該說哪些話）「史密斯老師，我很抱歉，我……」

我為什麼非得逐字逐句告訴強尼該說些什麼？因為他自己可能不知道該怎麼說。如果你要一個人去做某件事，卻不教他該怎麼做也不太合理吧，於是我才教他怎麼說。現在我要怎麼說服他去道歉？很簡單：我讓他去做這件事，但讓他知道受益的是他自己。

我繼續對話。

「強尼，我要你去道歉，不是為了我自己，也不是為了史密斯老師，要不要道歉都取決於你自己——但如果我是你，我會為了自己道歉。」

「為了自己？」強尼問道。

「沒錯，為了你自己。」這時高速公路巡警該上場了。

「如果我在高速公路上開車，結果被一名巡邏員警攔下來，當警察走向我的車時，你覺得我心裡會盤算什麼？」

「躲過罰單。」

「沒錯，我有兩個選擇：我可以很友善，或是很無禮。請問哪種態度比較可能讓我躲過罰單？」

「友善。」

「而你知道我之所以友善，是因為我有個自私的理由。我不是要協助州立稅務署，也不是要協助高速公路巡警，而是要幫助我自己——讓我自己比較有機會躲過一張罰單。所以如果我是你，等會兒一下課，我就會馬上跑到史密斯老師的教室，我會說……」（我再次告訴他該說什麼話，確保他記住這些話。）

「你說史密斯老師很生氣，對吧？」

「對，氣炸了。」

「這樣的話，如果你希望她再次生氣，那你只要告訴她你之所以道歉，是因為是我要你這麼做的。現在選擇權落在你手上。如果我是你，下課鐘聲一響，我會馬上到史密斯老師班上向她道歉。」

鐘聲響起，猜猜強尼怎麼做？他去跟史密斯老師道歉了。午餐後見到史密斯老師時，我問她強尼怎麼了。她說他來向她道歉，現在一切都沒事了。如此一來，輕鬆的人是誰？當然是我啊！接下來我可能還是需要給強尼懲處，因為他的行為也看在其餘二十五名學生的眼裡，但以下說法仍能鼓勵他前去道歉的行

為：「因為你道歉了，所以我只會……」如此一來，我仍肯定了他的作為。當然，如果強尼不去找史密斯老師呢？那樣我也沒有損失，這種作法就算這次不奏效，下次也可能有用。

如果校長和老師善用機會教導學生如何修補局面，而非任由情況變得愈來愈不可收拾，那我們的工作就會輕鬆得多，他們的人生也會順利許多。畢竟，無論學生未來從事何種行業，他們都可能需要應付主管，而他們反應的方式可以決定是否能勝任愉快，只要他們絕口不提自己與高速公路巡警的奇遇記就好。

有些學生已經具備了修補技巧，例如一個學生在化學課最後十分鐘時趴在桌上睡著了，在走出教室前，他可能會解釋這是因為自己昨天放學後打工到很晚的緣故。又或是有個在同學報告時偷偷竊笑的學生，事後可能會主動道歉。高成效的老師會鼓勵這類行為，也會善用時機教導學生培養成功的修補技巧。

再者，高成效的老師不會等到真的出了問題或發生衝突，才開始教導學生如何修補局面。教育工作者發展出大量的教材，試圖為學齡前到高中、或高中以後的學生介紹並強化解決衝突的技能，而高成效的老師在學校中練習這些技巧

時，不僅可以緩和課堂上的管教問題，更可以幫助學生在未來的職場上做好準備，邁向成功之路。這些好老師協助建立了一個更平和的世界。

高成效的老師會善用各種時機，教導學生培養成功的修補技巧。

第十四章

忽略小疏失的能力

◎ 好老師會忽略微不足道的小疏失，也能在不使情況惡化的前提下，對不當行為作出回應。

好老師具有驚人的能力，他們能做到刻意忽略。這不是說他們總是不以為意——所有發生在課堂上的事情，好老師幾乎都會知道；當然也不是說他們擁有無比的耐性（雖然有耐性是好事），而是表示他們對學校日常發生的情況能掌控得宜。他們知道只消一兩名學生就足以打斷教學流程，也清楚何時該順勢而為，何時又該表明立場，何時得壓制較不嚴重的小騷動，使其他人不致分心。

我有個警察朋友這麼描述工作上的挑戰：「你可以自找麻煩，或者可以視而不見。」如同警察，老師也必須知道什麼時候該做什麼事，有些狀況可以預見，有些則讓我們措手不及，使得我們經常得倉促作決定。好老師從經驗中學習到**哪些問題需要立刻關注，而哪些可以等到合適的時機再處理**。

喂，醜八怪！

如果你們學校最成熟穩重的學生正走過走廊，另一名學生大聲取笑他：「喂，醜八怪！」接下來會發生什麼事？那名成熟的學生會怎麼回應？他很可

能只是聳聳肩，不去理會這陣嘲弄，甚至還能擠出一個笑容。但另一方面，不成熟的學生則可能覺得有反擊的必要，結果讓事情惡化成衝突。

當然啦，這不表示我不去理會稱我為「醜八怪」的學生，我的意思是，好老師不會在每一次學生稍微出軌時，就自然而然的作出反應。我們都知道，有些老師本來就很容易被激怒，而我們也見識到學生多快就能看穿老師這點，還能善用其中所產生的娛樂效果！

若有三名學生在課堂上隨意聊天，老師可能會說：「同學，安靜下來。」學生們會對這句話有反應，但不是每個人的反應都一樣。其中一個說：「抱歉。」然後就安靜下來（這個學生擁有我們在前文提到的修補技巧）；另一個學生只是安靜下來，然後低頭；最後一名則回嘴：「我們又不是唯一在說話的人！」這個時候老師握有選擇權，某位老師可能會疾言厲色的說——「但我說的就是你們！」——結果讓小衝突愈演愈烈，變成一場意志力的戰爭。另一位老師可能會刻意忽略學生的反駁，讓衝突就此平息。高成效的老師能夠以身作則，示範自我控制的能力。他們的課堂管理奠基於自我行為管理的能力。

好老師具有刻意忽略的能力，這不表示他們不在乎學生。弔詭的是，學生之所以有不當的行為，通常都只是為了引起注意。在各種案例中，所引起的注意是負面或正面的都不是重點，但好老師一開始就知道該怎麼讓學生獲得所需的注意力，所以失控行為不會在課堂上繼續發酵，因為他們永遠能充分的掌控局面。

忽略小疏失

有一份道格・費歐雷的研究（Doug Fiore, 1999）檢視了高成效和低成效學校領袖之間的差異，研究中認為這兩者的重大差異之一，就是**最優秀的領袖會忽略小錯誤**，而愈是成效低的校長，就愈可能被老師形容成常有負面言論的領袖。如果校長總是不肯放過小疏失、不斷翻舊帳，教職員就會避免與他接觸，甚至減少與他互動。為了維護我們的自我價值，我們傾向避開總愛指出我們錯誤的人（畢竟誰會歡迎這種偽裝成「建設性批評」的找碴？）。

我的朋友是一名相當傑出的校長，當新督學來到他的學區時，他迫不及待地

邀請督學來參觀學校。他的教職員幹了些了不起的事，而他也很驕傲地想讓其他人看見這些成就。不久後督學確實來訪了，在長達數小時的各教室巡視後，最終督學坐在校長室。督學開口詢問第一條走道最後一間教室的老師尊姓大名，這聽在校長耳中是好消息，因為那位正好是馬汀老師——他在學校工作已經邁入第二年，也是這位校長手下最優秀的老師之一。校長開心的陳述馬汀老師是怎麼把改革的觀念帶進校園，又是如何成為學生們的楷模等等。可是督學卻說，他之所以問到馬汀老師，是因為他在操作教室上方的投影機時，他的手有好幾次（大約只有一兩秒）擋到了螢幕。唉！這不是雞蛋裡挑骨頭嗎！

我們可以想像這位校長作何感想，校內發生過這麼多美好的事，但督學卻在初次來訪時，以這麼無關緊要的批評總結。這麼做不但傷人，也讓他以後不想再邀督學來訪。此外，這位校長所付出的努力也被澆了冷水，他在校內的表現仍舊十分優秀，但這件事之後，他卻變得有些退縮，而且此後他的成就再也沒有產生過遍及全區的影響力。

我們思考一下整件事。原本督學可以選擇忽略遮住螢幕的那隻拇指，如此一

來，一切都會很順利，這兩位行政人員之間的關係就會有機會進展，結果他卻將注意力放在完全不相干的瑣事上，永遠阻礙了關係的發展。

身為老師，我們要如何運用這個教訓？我們通常很難嚴厲的批評自己，雖然我們可能認為當別人批評我們時，我們再努力改進就好，但如果已經努力到某個程度還是批評不斷，我們往往就會放棄。這種情況在我們的孩子身上也一樣，如果我們太常對他們說「不」，他們此後就會完全不搭理我們了。例如，我們希望學生寫出文情並茂的文章，也許就必須忍受文章中偶爾少了一兩個逗點，這樣他們才會願意在寫作上突破創新；但如果我們一直對孩子的作文挑三撿四，最後他們就會選擇使用最簡單的文字，或以相當簡短的句子拼字寫作，以避免招惹了紅筆，得到滿江紅。這種情況在最有天分的學生身上更是如此。

高成就者對自己的標準

高成就者對自己抱持著高標準，他們希望投入的每件事都能成功，而且孜孜

不倦的努力奮鬥——這就是他們這麼優秀的原因。每當有人指出他們的缺點，他們會猶如洩了氣的皮球，因為他們對自己的期望奇高無比，所以也厭惡讓別人感到失望。高成就者對自己做的事投注許多心力，因此無論批評是多麼微不足道，對他們來說都可能是種侮辱。此外，如果我們對他們的工作評價只聚焦於他們成就中的微小錯誤，那麼他們下次就可能會以較安全保守的方式工作。

若你詢問高成就者他們對自己的表現感覺如何，你會發現，他們比你想像中還要嚴格許多。我還記得曾經觀摩過一堂了不起的課堂教學，簡直見證了教室內的神奇時刻。在教學觀摩後的檢討會議中，我詢問該老師覺得那節課上得如何，想以此作為開場，但她卻在接下來幾分鐘對一堂不同凡響的課吹毛求疵！我最終打斷了她，把注意力放在我觀察到的所有正面事蹟，我的讚美增進了我們之間的關係，之後她非常歡迎我前去觀摩她上課。她對自己的批判從不懈怠，這也是讓她如此出眾原因之一。

高成就的學生也有同樣的反應。無論我們怎麼督促，他們對自己總有更高的要求，也希望永遠保持最高標準。即使比起另一位學生第三次修改的版本，他們

的初稿可能已經好上太多，但他們還是不想聽見別人只說他們「還不錯」。另一方面，他們也不想被忽視。好老師知道該給予這類學生什麼樣的關注，好讓他們持續踏著自己的步伐前進。

好老師就像是一個主廚，能在看似混亂的秩序中下，讓忙碌的廚房有條不紊。他們能在不讓情勢更緊張的情況下回應學生的不當行為，有能力給予學生必要的關注，找出優點並讚揚他們的作為，甚至具備忽略小錯誤的能力——這是一種**迅速而且細膩的平衡動作**，而好老師已經精通這項技巧了。

第十五章

意圖

◎ 好老師會對他們所做的每件事先行擬定計畫和明確目標。如果事情不如預期，他們會思考是否有其他做法，從而調整計畫。

好老師的特質之一，就是在他們的課堂上，幾乎沒有隨機發生的事情。好老師會對他們所做的每件事先行擬定計畫和明確目標，而這就叫作意圖。如果事情不如預期，他們會思考是否有其他做法，從而調整計畫。

相反地，效能較低的老師似乎只是得過且過，某方面來說，他們彷彿不想制定計畫，更不想為發生的事負責。如果事情不如預期，他們就會尋找代罪羔羊。以下舉幾個例子說明。

史蒂芬為何老愛選諾亞？

我還記得聽見某位老師大吐苦水：「每次有分組活動時，史蒂芬和諾亞就會互選彼此、同組作業，可是他們每次都不好好完成作業！」為何史蒂芬和諾亞每次都會湊成一對？是老師默許他們湊成對的，三番兩次下來都是同樣情況，老師也一而再再而三地選擇不干預。畢竟比起積極安排計畫，讓作業出現不同發展，抱怨這種結果還是容易得多。

好老師可能會讓學生挑選自己的合作伙伴。第一次史蒂芬和諾亞也許會選彼此為伙伴，如果兩人幾乎沒有完成作業，好老師就會反思結果，然後下次做出不同安排。也許他會讓學生抽籤找同伴，這樣一來就能操縱抽籤結果，而史蒂芬和諾亞每次都和新伙伴同組。或者他可以依照名字的字母幫學生配對，再不然也可以直接規定他們挑選從來沒有合作過的對象。無論怎麼安排計畫，好老師都會為結果擔起責任。

全校集會

大多學校每年會在體育館或大禮堂舉行幾次全校集會。假設現在另一個星球上有一名觀察者，他可以從一群學生和負責帶領他們的老師身上發現不同的光線，暫且稱之為「教師光」吧。我猜測好老師身上散發的光線會帶有某種獨特的形式。

當優秀老師帶學生去參加集會時，他們會怎麼做？他們會坐在學生旁邊，但

可不是隨便一個學生，而是最可能擾亂秩序的學生。優秀老師不會粗暴地對待這些學生，只是讓學生知道他們的存在。他們的「教師光」傳遞出既愉快又堅定的訊息。結果學生也拿出最好的表現，說不定連他們自己都覺得不可思議。

相反地，觀察我們的外星人可能發現低效能的老師會坐在其他老師身旁、靠在牆邊，甚至離開體育館或大禮堂。如果他們和學生坐在一起，就會選擇自己坐起來最自在的位置。結果他們的「教師光」必須跨過遙遠的距離，才能傳遞給最可能調皮搗蛋的學生。這些老師必須怒目瞪視，才能強化他們的「教師光」，但要是效果不彰，學生照樣搗蛋，這時老師就會抱怨：「瞧瞧我都得受什麼氣！」他們把問題聚焦在別人的行為上，而不是自己的作為，這樣的老師還不明白負責任的力量。

教職員會議

我常常感到難以置信，教職員會議上怎會藏匿一群充滿負能量的老師。這群

「憤世嫉俗俱樂部」成員就坐在會議室後方、離門不遠的位置。校長帶領一群這樣的老師，居然還能如此怡然自得，令我不由得感到錯愕。會議室後方有一群滿不在乎又不懂尊重的人，我實在無法好好主持教職員會議，經過這次經驗後，我學會親自掌控這些問題，研擬出一套作戰計畫。

我沒有讓「憤世嫉俗俱樂部」繼續坐在他們平時的位置，而是故意移走多餘座椅，然後把會議室的後方變成正前方。當昏昏欲睡和愛抱怨的老師（一如往常地）遲到，全場只剩下最前排的座位。此外，我還會請副校長坐在全校最消極的教職員，也就是「憤世嫉俗俱樂部最高指導人」身旁，但不是以威嚇的姿態，而是不失禮貌地坐在他旁邊。儘管只是稍微更動座位安排，也足以達到讓對方不自在的效果，最後他碎嘴的頻率降低，也比較不會對著整間會議室散播負面氣氛。我負起責任，成功改變了會議上的互動。

彈性座位安排

座位安排也可以應用在課堂上。要是某位學生不守規矩，一般老師會進入反制模式：「你給我來教室最前面，坐在我旁邊！」另一方面，好老師卻會在週一早晨到校時，先做一件事：「各位同學，你們知道嗎，週五我收看威力球開獎時，忽然靈感乍現，於是我找來一個大滾筒，裡面塞滿標記你們名字的籤。我們來抽籤，看看要把誰換去哪個座位。馬文是大贏家，所以你要換到……」雖然此舉看似突發奇想，但當然完全是刻意安排的。

好老師會刻意重新安排、調整、改變教學架構。他們會謹慎規劃課堂安排、教學方法、時間管理，以促成有效率的學習環境。如果兩個學生無法和平共處，就永遠不要讓他們坐在一起。要是有個學生上課時喜歡打亂秩序，老師就得採取一些方法，降低他們在教室內對其他同學的影響。如果在一天快結束時，課堂變得鬧烘烘，可以將活動安排得輕鬆一點，讓學生可以適度排解壓力。

這些改變無關乎權力鬥爭，雖然看似隨機突然，其實都具有明確的潛在用

意。要是課堂上出現了會妨礙學習的情況，挑釁、讓情況越演越烈，只是有害無益，需要反覆申明並證實自己才是老大的老師，到頭來只是浪費寶貴力氣，打了一場必輸無疑的敗仗。好老師不會試圖去證明自己才是課堂上的老大，因為大家早就知道，老師就是主宰的一方。

好老師會刻意重新安排、調整、改變教學架構。他們會謹慎規劃課堂安排、教學方法、時間管理，以促成有效率的學習環境。

第十六章

跟著最優秀的老師，作出最好的決定

◎ 在下任何決定或嘗試改變作法之前，
好老師會問：「最優秀的人會怎麼想？」

可能有人會要我們進行「中間程度教學」，所謂「中間程度」就是大多數學生的程度，然而若我們真的進行「中間程度教學」，那麼大部分的學生就會保持在這種程度。好老師在教學管埋上會採取不同的作法，他們設定高目標，並且依據三項簡單的原則做決定：

1. 目的為何？

2. 是否真能達到目的？

3. 最優秀的人會怎麼想？

第一項原則定看似直截了當，但不深究的話，很容易偏離真正的意涵。反省自身教學的方法之一，就是回顧我們為何要作這些決定。然而，我們太常以錯誤的方向來討論問題。在此我們要問的不是目的，而是原因。

舉例來說，我們為何要指定某項作業當作回家功課？為何指定第六十二頁？這個嘛，也許是因為六十二頁正好接在六十一頁後面，或者，我們去年也是指定

六十二頁啊。那麼，為什麼要求學生解出二十五道數學題？原因可能是這一頁正好有二十五道題目，或者，一百分可以除盡二十五。以上的例子，如果我們問的是原因為何，可能會更有成效。

另一個例子就是「交換改考卷」，這個作法大家耳熟能詳，也就是讓學生交換考卷，然後彼此批改對方的成績。（我們有時還會請學生唸出分數，好讓我們登記。）我們為什麼要這麼做？呃，原因很簡單——因為這對老師而言相當方便。但如果我們效法好老師，在做每件事之前都詢問這麼做的目的，那麼我們也許會以完全不同的方式來利用課堂時間。

順手牽羊者將扭送法辦！

我和太太喜歡逛古董店，我們經常在店內看見這類公告：「順手牽羊者將扭送法辦！」告示單上每個字都以大寫字體強調，甚至在「將」一字底下畫線，這每每都令我們莞爾一笑。我們想像愛好古董的扒手心裡想著：「我本來就想在這

間店下手的，但他們卻特別在『將』這個字底下畫線強調啊！」

這張告示的目的何在？是要讓誠實的顧客保持誠實嗎？如果是這樣，那麼誠實的顧客在沒有張貼公告的店家就會順手牽羊了嗎？這個公告真能讓扒手不再行竊？他們早就知道這是違法行為了啊！

我和太太暗忖這些告示是否真的有用，事實上，我們覺得它甚至會造成反效果。試想當你在逛百貨公司時，每轉一個彎就看見一則公告：

順手牽羊者將扭送法辦！

我們正注視著你的一舉一動！

當扒手被逮捕定罪時……

這會讓你感覺更自在或更不自在？大量咄咄逼人的反扒竊公告可能會讓誠實的顧客感到不自在，把他們推往其他地方購物，而扒竊老手則會對公告視而不見，甚至當作是種挑釁。

請問這是怎麼回事？店家心中的確有預設的目的，卻沒想清楚這麼做是否能達到效果。店主將注意力放在扒手身上，而忽略了對他們來說「最重要的人」——也就是他們的客人。店裡永遠門庭若市，對他們來說不是比較好嗎？

指的就是你！

身為校長，我經常覺得自己就像個管理者，負責決策、制定政策、完成工作。無可避免的，有些員工會抱怨不休，有些員工會拖延怠慢，表現優秀者則會樂於改變。管理者的挑戰就是**把注意力放在把工作做好的人身上**。

身為教師，別懷疑，你肯定就是那個接受校長決策和指令的人。在《對付棘手教師》一書中，我以影印機上的公告作為例子：「限制影印：請勿影印超過二十張！」這個公告目的當然是要大家別過度使用影印機，但結果呢？呃，那就是通常認真遵守規矩的人會對此耿耿於懷。記得七年前，有一個守規矩的學生影印了二十三張，心裡還想著是否該把多印的還給學校。另一方面，濫用影印機的

人早就知道不該超印，卻還是隨心所欲地忽視告示，甚至在二十後面多加一串零，或乾脆把公告撕了，然後把公告印個二十八張！

如果我們只因一兩個不守規矩的人，就將焦點放在他們身上，然後發佈大量指令，那麼，這個錯誤的方法充其量只是讓表現最好的人感到罪惡，甚至他們還會覺得被侮辱了。他們會想：「你為何要和我說這些，而不是去對別人說？」他們會這麼想也不無道理。

通常只有認真遵守規定的人，會把公告的內容放在心上。

身為老師，你會在課堂上會面臨相同的挑戰。試想期中報告的截止日就快要到了，而像是「你們都還沒準時交報告！」這種籠統的聲明，不僅讓進度落後的人可以混水摸魚隱身其中，更可能會讓優秀的學生擔憂——他們是否忘了交報告？你是否把他們的作業忘在哪了？——或因此跟著懈怠。他們會想：「何必連

夜趕完報告呢？反正老師也會對我們大聲嚷嚷啊！」

好學生會怎麼想？

在作決定或試圖改變決策之前，高成效的教育工作者會問自己一個核心問題：「最優秀的人會怎麼想？」這並不是說高成效的教育工作者不在乎其他人的想法，而是他們總是**先考量最優秀的人會怎麼想**。

在一份關於高成效與低成效中學校長的研究中（Whitaker, 1993），我發現高成效校長的三個關鍵特質。其一，他們會在作決定前，先諮詢教師中的意見領袖。為什麼呢？這個嘛，你可以問自己下列兩個問題：

◆如果優秀的老師不認為是好主意，那其他教職員接受這個主意的機率有多大？
◆如果優秀的老師不認同，但這確實是個好主意，這樣的機率有多高？

身為校長，在下決定之前，我通常會先探詢我的重要職員，他們的接受度就

是落實變革的重要參考因素。你也可以採用同樣的方法面對學生，先問自己：「優秀的學生會怎麼想？」這個問題能幫你在管理課堂上做決策，就像經營好一間公司一樣。

關於課堂管理，有個相當容易記住的原則，那就是我們每次對待學生的態度，要如同他們的家長也在教室時的情況一樣。另一種標準則是，在心裡想著優秀的學生，然後以同樣方式對待所有的學生。優秀的學生不一定是成績最好的學生，而是表現最好、最懂得關心、最面面俱到的學生——也就是**備受大家肯定的學生**。優秀的學生會希望老師處理不守規矩的行為、應付擾亂班上秩序的學生，但不是以羞辱的方式，而是以尊重的態度為之。

我最近拜訪一所學校，有某位學生在男廁的隔間上塗鴉，學校一直逮不到元凶，最後校長決定拆除所有廁所隔間的門，以避免有人再度塗鴉。校長可能以為這樣做就可以達到目的，但這個決策是聚焦在加害者身上，而忽略了其他隱私遭侵犯的學生的感想。要是他們問了這個問題——「最優秀的人會怎麼想？」也許能找到更好的解決方法。

優秀學生在什麼情況下都會「沒問題」

我常聽見學校校長說，他們會把焦點放在表現平平或較差的老師身上，因為優秀的老師「怎樣都不會有問題」。這個嘛，我是同意就算你忽略好老師，他們也會「沒問題」的說法，但如果你的好老師只是「沒問題」，卻不再「優秀」了呢？

當然，才華洋溢的人就算孤軍奮戰也不會有問題，他仍能保持積極正面的課堂風氣，也永遠都能以莊重、尊敬的態度對待學生和同事。但是當校長將焦點從這些「巨星」的需求轉移開來，他們就會開始退卻，就好像他們對學校關閉了一扇門——不是真正的門，而是情感上的心門。優秀的老師可以對整個團隊、科系甚至整所學校發揮好的影響力，學校不能因為只聚焦在其他人身上，而犧牲、浪費了最有價值職員的奉獻。

同樣的原理也應用在優秀學生身上。如果我們只採取「中間程度教學」，那就低估了優秀的學生。經營良好的班級會充滿正面能量，每位學生都投入學

習，但如果我們的頂尖學生也只發揮中間程度的水準，整個班級便會失去動力。好老師會找到方法讓每個學生都能往前邁進，所以不可以讓我們的好學生只是「怎樣都不會有問題」而已，他們應得的待遇遠遠超過這些。

老師的愛徒

有件事情很重要：**不要讓任何學生陷入「愛徒」的角色**。雖然我們得考慮優秀的學生會怎麼想，但當我們在尋求意見與反饋想法時，也必須審慎周全。因為如果其他學生察覺到這種偏袒，他們就會對獲得特殊待遇的學生失去尊敬，甚至心生怨恨。

「把焦點放在最優秀的人身上」這個概念似乎新穎又陌生，然而這就是優秀教育工作者與其他人之間的重要差別。培養你手中的明星學生，同時致力於栽培其他學生，在你作決定時，將最優秀出色的學生置於優先位置，這會讓你的班級更加優秀，而你的工作也會更愉快！

第十七章

任何情況下都先問：「誰會自在，誰又會不自在？」

◎ 好老師會不斷檢視，對於他們所作的每項決定，
「誰會覺得自在，誰又覺得不自在？」
他們把每個學生都當成好學生對待。

所有教育工作者在不得已必須破例的情況下，都會面臨必須權衡規定與原則的挑戰，尤其一談到對學生行為的期待時，這種情況就更明顯。我們可以明確果決的訂立規則，也可以和學生溝通後再列出標準，但陷入兩難的情境仍會持續發生，灰色地帶也遠遠超出我們所想像。

所有老師都會建立一套反映他們的核心信念的基本規定，即使有時候，其他外在的影響力可能破壞這些規定。本章要說明一個能支持有效教學的內在標準：作決定時請問問自己：「這種情況下，誰會感到自在，而誰又感到不自在？」這個問題與第十六章的指導方針相呼應：依據最優秀者的反應作決定。

把每個人都當成好人對待

我有個朋友前陣子賺了不少——事實上是一大筆錢——他買下一棟公寓準備進行裝修，然後再出租。有天晚上我問他，在出租的房子中，如果其中一間住了表現不佳的房客，他會怎麼做。他的回答讓我深有同感：「如果我遇到討厭的房

客，我會加緊趕工先裝修他們的公寓。他們不習慣住在這麼好的地方，因此要不是開始表現良好，讓自己理所當然的該住在那兒，就是感到十分不自在，最後自己就會搬出去了。」

同樣的現象也發生在學校：**當人們感到「不自在」時，就會開始改變現狀**。身為校長，我會負責讓此招奏效，我想讓不自在的人變得更積極正向，但我不會給優秀的老師製造不自在的環境。現在我們來討論一個教職員會議的例子。

一個由「負面老師」主導的會議，往往充斥了挑剔與批評，而優秀的老師則會感到不自在（雖然較不積極的老師可能感覺挺享受的），這種情況下，如果我亂了分寸，以不專業的態度回應，那麼優秀教師們就會變得更不自在，甚至主動疏遠這個會議。但是，如果我泰然自若的處理情況：「我覺得這個論點值得探究，這個禮拜晚一點我們再找個時間討論。通常我六點半就會到學校了，就挑一

當人們覺得「不自在」時，就會開始改變現狀。

個你們時間方便的早上吧。」如此一來，「負面老師」就失去聽眾了（而且若是他還想繼續抱怨，他就得早起），而最正面積極的職員則會很樂意與我站在同一陣線。

面對家長時，我們也可以套用相同的原則。最近我看見有間學校讓校內八百名學生帶著一張便條紙回家，紙條上寫著：

親愛的家長，

請務必於校外參觀日儘速接回您的孩子，校外參觀巴士會在平時的巴士離開後才回到學校！若你們不願配合，您的孩子就會被安置於課後托管中心，按每小時兩美元計算收費。

我們仔細思考一下：在八百個學生家庭中，這張字條實際上是寫給多少人看的？也許只有三、四個（而且這三、四個人是最不可能看紙條的人），但為了這少數幾個人，學校成功侮辱了其餘七百九十五個家庭。此外，這三、四個家庭也

早就知道應該接送孩子，只是不那麼做罷了。學校寫字條給所有家長，反而讓那些少數的家長感到安慰，他們私底下可能想著：「一定有許多家長也沒有去接孩子吧。」

另一方面，其他人則會質疑：「幹嘛跟我說這些呢？」將紙條交給所有家庭，會讓責任感強的家長感到不自在，雖然寫紙條的用意只不過想將訊息傳達給少數人罷了。我提供一個更有效的方法：只打電話給少數幾名怠惰的家長，請他們改變自己的行為。

一般來說，我不是很鼓勵發送提醒紙條的作法，但如果你覺得通知所有人是必要的，那請把焦點放在積極的家長身上，然後將所有家長都視為優秀的家長對待。你的紙條可以這麼寫：

親愛的家長，

感謝您的支持，願意於校外參觀日儘速接孩子回家，特別是在平時的巴士離開後，校外參觀巴士才歸返的情況下，準時前來接回孩子。如此一來，

便能讓我們給予學生更多的教學機會，提供校內的莘莘學子更加安全的學習環境。感謝您的配合與付出。

這則訊息對少數不會到場接孩子的家長來說同樣具有提醒效果，差別在於這張紙條鼓勵良好行為，能讓迅速來接孩子的家長感覺自在，而讓遲來的家長感到不自在。

許多領域的決策也可以參考這個作法。試想，如果第一天上課，老師就以指責的態度對學生訓話，要他們守規矩，那麼最不自在的會是哪些學生？是那些不需要一堆規定就會守秩序的學生，而其他人反而覺得理所當然可以搗蛋！如果因為少數學生的不當行為，老師就責罰全班同學，行為不良的學生也許會感到些許不自在，但最具責任感的學生肯定會很沮喪，對老師的尊敬也會減少。「我的決定會讓優秀學生作何感想？」會問這個問題的老師在管教學生時，也許作法會大不相同。

如果老師以尖酸刻薄的言語責罵學生，被罵的學生也許會暫時守規矩，但這

麼做的代價是，行為良好的學生會感到不自在，因為他們不習慣聽見他人如此說話。至於那些被老師大聲咆哮的學生，也許早就習慣被這麼對待了，但其他學生卻會對常常語帶貶抑或長篇謾罵的老師失去尊敬。

當老師考慮是否要讓學生批改彼此的考卷並回報成績時，也許該問自己：「這麼做誰會最自在？」成績不好的學生勢必感覺不自在，而很多時候，成績好的學生也寧可不受這種注目，所以這種作法的受益者就只有老師本人而已。

若全校的班級正在上課，而兩位好惹麻煩的搗蛋鬼在走廊上遊盪，老師們很有可能對他們說：「你們現在人應該要在哪裡？」「你們蹺了哪位老師的課？」「鐘聲對你們來說毫無意義嗎？」我們對待他們的方式，就好像他們一定是想幹些什麼壞事似的。

然而，如果在走廊上的是未來的畢業生致詞代表呢？那他們得到的待遇就會是善意的微笑：「嗨，今天過得好嗎？」我們自然而然的會以他們是好學生的方式對待他們。我們是否能以同樣方式——**彷彿他們都是好學生**——對待這兩種人，然後達到想要的效果？

是的，這是可能的。「嗨，需要效勞嗎？」我們可以用這句話向所有學生打招呼，這樣一樣可以從搗蛋鬼身上獲取資訊。如果他們真的沒做錯什麼，我們也沒有因此讓情況惡化，當然，這兩名學生也不會將這句招呼視作是種羞辱。

還記得古董店客人和扒手的故事嗎？我們難道不能以同樣方式應對這兩種人？如果一個笑容可掬的店員問客人道：「需要效勞嗎？」請問客人會介意嗎？這句話的效果跟以指控語氣說：「你在那裡做什麼？」一樣可以避免扒手行竊，但差別在於我們沒有預設立場，而是以對方都是好人的態度對待他們。

不自在會促成改變

如果老師與好鬥的家長爭執，誰會感到不自在？絕對不會是家長，態度敵對的家長們喜愛爭執，這簡直是他們的戰場！所以請記得，永遠都不要與難纏的人爭執，因為他們比你更常與人爭執！另一個理由是，老師的職責是要教導人行為合宜，與家長爭執只是幫他們磨練已經熟稔的不當技能罷了。

在這種情況下，不自在的人會是與家長起了爭執的老師，可以想見，這個老師以後會盡量避開家長，結果家長因此權力倍增，他能隨心所欲告訴所有人，這個老師的行為舉止如何，以及這場爭執最後是如何終結的。不意外的，最後他會全副武裝回到學校。

想想上一章所舉的例子——「限制影印：請勿影印超過二十張！」這個作法確實令人不太舒服——對自我標準高的人尤其如此。高成就者會覺得受到侮辱，而且往後的行為也會跟著改變，他們也許會對工作失去熱忱，然後偏離學校的主流。另一方面，一體適用的方法對那些被我們設定為目標的人不會有太大成效，甚至可說是毫無作用的。他們早已將自己不必遵守規矩的行動合理化，還可能花更多時間思考要怎麼規避懲罰。

持續的檢視「誰會自在、誰會不自在？」這個問題，可以幫助我們在決策時能更清楚看待局勢。我們並非在一塊空白畫布上作畫，而是有輪廓可以遵循。我們決定做的某件事也許會讓沒效率的人不自在，但至少不會讓優秀的人不自在。高成效的教育工作者發現，這個基本原則——讓做對事情的人感覺自在——

對他們也很有用，他們也因此對自己的決策更有把握！

論質計酬

有時候，瞭解自身的處境能幫助我們釐清什麼作法最合適。在我曾經擔任一名大學教授的學校，當時遵循一種相當有趣的趨勢，這所學校相當開放，比其他大多數學校更常採用不同的管理方式。

有一種高等教育趨勢稱作「論質計酬」；在我們大學裡，教職人員是否加薪取決於同儕的看法，彷彿校內所有老師都在為他們的個人加薪投票表決。你可以想像，這是個引發爭議的作法。大學中的工作表現幾乎無法量化，這種作法容易傷感情、挑起對立的情緒，也讓彼此關係變得緊繃。這個方法推行一年之後，校方進行了一個秘密調查，以獲知教職員的想法。該校的校長是我相當敬重的人，他在取得調查結果後，對於檢視這項創新作法的回饋意見感到很有興趣。

我同意校長的想法，我也認為這些資訊的確有其價值，不過我補充道，全體

教職員的觀點並非決定性的因素。我進一步解釋：如果他希望以論質計酬獎勵來那百分之三十三的教職員，那麼他應該要能識別出這些員工。如果他最優秀的員工因此備受激勵，那麼其他人的看法就會有所助益，但如果他們沒有受到鼓勵，那麼這個計畫就失去價值了——無論其他人怎麼想。

果然，調查顯示約三分之一的人喜歡這個計畫，三分之一的人保持中立態度，而剩下三分之一的人則是不喜歡。呃，當然還得看是哪三分之一的人感覺如何，對吧？如果「表現最差」的那三分之一教職員對這個程序感到不自在，那我們就有充分的理由可以長遠實施這個計畫；同理，即使只有百分之五的教職員不認同，而若那百分之五代表的是校內最優秀的老師，那就必須重新審視整個概念。總之，最優秀的人怎麼想，才是真正重要的。

蒐集大家的意見永遠都是件好事，然而更重要的是，我們要知道最優秀的人的看法。許多學生——就如同許多成年人——會以對自己最好的方式作決定；而最優秀的學生——就如同最優秀的成年人——則會以對大家最好的方式作決定。如果我們從最能幹的學生和同事之中尋求意見，我們就更能作出正確的選擇。

優秀的教育工作者會不斷問自己，在他們所作的決策中，誰會感到最自在，誰又感到最不自在。如果在我們面臨艱難的決定時能自問「最優秀的人會怎麼想？」那我們會感覺比較不孤單。當然，若我們能直接去尋求最優秀的人的想法，我們就更不會感覺孤單了。

如果我們從最優秀的學生和同事中尋求意見，我們就能作出正確的選擇。

第十八章

將心比心

◎ 好老師設身處地為學生著想，
也清楚別人如何看待自己。

每個班級都有來自各個階層的學生。他們也許來自富裕家庭、中產階級家庭或貧困家庭（在美國，每五個小孩中就有一個生活貧困），他們的家庭組成也各有差異；有些學生是獨生子女，有些擁有兄弟姊妹或繼手足，有些人與堂表親或非親戚身分的人同住；有些孩子住豪宅或高樓大廈，有些住農場，有些甚至住在廢棄汽車的後座。這些差異有時很明顯，有時並不會反映出來。

我們的學生中有男女、高矮、胖瘦，即使一整群學生看起來十分相像，但實際上每位學生都有各自的優缺點、想法與情緒、困擾與喜好，因而形成獨有的性格。每位老師都得與形形色色的學生相處，而每年的班上組成份子也不停在改變。是什麼讓有些老師能有效的與每位學生互動，而有些老師卻得想盡辦法，仍無法與一些或更多學生融洽相處？關鍵就在於將心比心的能力。

討好老師的學生

許多老師在當學生時就懂得「討好老師」，他們會按時完成回家功課、自律

地坐在課桌前、舉手回答問題——而且的確知道答案。他們喜歡學校，在學校中也感到自在——這往往也是他們選擇以教書為業的原因之一。但是站在老師的觀點，課堂風景卻是完全不同的。你不能只是站在前面講課、指定回家功課、測驗學生，以及繳交成績，你得做足所有的苦工，而這些苦工都是在你當學生時看不出來的，其中包括**與教室裡的學生交流**。

在發現並非所有八年級生每次都會準時交回家功課；並非所有一年級生都知道要咳嗽時要掩住嘴巴，也並非所有高年級生都能坐在位置上安靜聽課時，有些老師可能會顯得吃驚，但大多數老師都認同一件事：**學生會將整個世界帶進他們的教室**。我們學校有招收學英語的學生、住在寄養家庭的學生、有特殊需求的學生，以及課後得兼差等各式各樣的學生，高成效的教師能接受這些挑戰，以每個學生的角度來觀看世界。

大多數的老師都能認同一件事：學生會將整個世界帶進他們的教室。

為你期盼見到的行為樹立榜樣

上文的意思不是要我們放棄期許，我們仍希望學生能說「請」、「謝謝」，以及「需要效勞嗎」。我們希望他們在傷害到他人的感情、不小心打翻廢紙簍，或是忘記餵食班上飼養的鬣鱗蜥時，會懂得適時道歉。實際上，並非所有學生都具備這些「社群技巧」。

我們都見過學生「道歉」的模樣，他們雙手抱胸、翻了個白眼，然後說「對不起哦！」彷彿他們並非真心想道歉——或者他們根本不想道歉；這與我們在第十三章以大量篇幅討論的「修補」方法並不盡然相同！當這種情況發生時，有些老師當下的反應是「他們的家長應該要教他們的！」這麼說也許沒錯，但我們期望他們道歉的方式，孩子們也有可能從來都不知道。

有些老師覺得很沮喪甚至惱怒時的第一反應是「推卸怪罪別人」，他們會抱怨整個社會，尤其是家庭教養。聽我說，如果你想推卸責任，那你永遠能找到更多藉口，例如學生的閱讀能力低於年級標準、穿著不得體、衛生習慣不佳等。這

些老師可以成天抱怨，而更糟的是，有些老師會雙手一攤或翻個白眼，傳遞給學生一個訊息：「你真差勁。」

高成效老師發送的訊息卻是截然不同的。當孩子在操場「宣布」說：「我現在就要玩那個鞦韆！」好老師會微微一笑回應：「我們該怎麼請求別人呢？」當學生撞掉隔壁同學桌上的書本，好老師會悄悄暗示：「我猜妳一定對自己做的事感到很抱歉吧？」然後示意：「去跟他說對不起吧。」好老師會願意在一天內提醒上百次：「同學們，咳嗽時要掩住嘴巴喔，謝謝！」

老師的教學內容牽涉到數學、科學或閱讀等各領域的知識，但好老師也會以同樣的比重教導學生「社群技巧」，並將此視為是在形塑未來的芳鄰、負責任的公民、有能力的家長，也能為此感到開心。

他人如何看待我們

我在針對高成效校長所進行的研究中，發現有一項特質讓他們與眾不同，那

就是**他們知道自己在他人眼中的模樣**。他們描述自身優缺點的方式與校內其他老師對他們的觀點不謀而合，這讓他們在校內擔任領導者、處理每日遇見的挑戰時，都能具備優勢。

這種自我認知的技能對老師們來說也同等重要。我們都曾有過這樣的經驗：看見一張自己遭人偷拍的快照，跟我們平時在鏡子裡看見的模樣大不相同，也許那幾磅多出來的重量並非真的看不出來，或是那塊禿頭的區域比你所想的還要大。看自己上課的錄影帶，同樣透露出一些端倪：也許你說話的速度太快或太慢，也許發問之後的等待時間比你以為的還短，也許你無意識地不斷叫同一位學生回答問題，而忽略了其他學生，也或許出乎你的意料之外——你表現得還挺不錯的！

回顧第二章中我提及「蹩腳講師的課堂」，其中的問題出在老師身上，而非教學本身，這個例子也解釋了老師會可能發展出——甚至堅持——他們對於自身行為的錯誤印象。雖然連視線偶爾掃進窗子的路人都能看出上課的學生早已經神遊了，但表現差勁的講師卻毫無自覺，兀自絮絮叨叨個不停。

高成效的講師會不斷留意自己與聽眾的交流互動，有些人對於解讀身體語言、臉部表情和非語言的暗示十分在行，有些人則請學生直接回應想法。有些人會詢問一兩位有理解困難的學生，知道只要他們「懂了」，其他學生應該也懂了。有位令人印象深刻的老師就蒐集了各種雙關語、幽默格言和小笑話，讓他可以在課堂上穿插幾個笑料，要是沒有人笑的話，他就知道自己說的內容已經讓學生們聽不懂了！

你選擇成為什麼樣的人？

「抱怨狂和毀謗王」很可能不知道自己在他人眼中的模樣，他們無法意識到自己的行為是多麼不可愛，他們在家裡也許也是這副模樣。雖然我們無法控制別人的態度，但是我們可以選擇自己的行為，所以我們應該試著改善自己的「社群技巧」。

誠如前文所言，每年的學期剛開始時，我們都還沒被打敗，多數的老師都

情緒高昂，休息充足，活力充沛，但隨著日復一日、年復一年，事情就有了變化。一來老師們身心變得疲憊，樂觀的精神也開始消退，負面情緒則跟著滲透。如果有件事發生在九月剛開學：有位老師在靠近門邊「你的」位置停了車，你也許不會介意，但如果這件事發生在一月（學期中），你恐怕就會想抱怨了，因為你陷在自己熟悉的思維模式裡。

處理這個問題的方法之一，就是將注意力集中在自己的身體健康上。你可以把車停在停車場遠端，然後繞行建築物兩圈再走進學校，回家前重複同樣的路徑。此外要吃得健康，因為人在飢餓時脾氣容易不好！甚至，在炎熱的建築物中持續補充水分也是相當重要的，所以隨時準備一瓶水（記得擺放在班上調皮鬼搆不著的位置！），好好照顧自己能讓你「不再成為自我的絆腳石」，讓你在對待他人時也能將心比心。

另一種對學生將心比心的方式就是**重新當回一個學生**。你犯不著去K書，但是可以嘗試開始打保齡球、學習手工藝，或是加入外語會話班，練習以前曾習得的外語。重要的是，將注意力放在那搖擺不定的漫長橋梁，也就是當你停滯於

「不知道怎麼做」和「知道怎麼做」之間的感受。想想是什麼阻礙了你學習，想想教練、老師或你的搭檔能怎麼幫助你進步。當你又回到教師身分的時候，請把這些練習都謹記在心。

最後，提醒自己「你並不完美」，請校內最優秀的老師觀察你上課的表現，並提供與學生交流的訣竅。努力成為你希望你的孩子會擁有的那種老師吧！

第十九章

如何看待
討厭的標準化測驗？

◎ 好老師客觀看待標準化的考試。
他們關注學生真實遭遇到的學習問題。

身為作家、演講者和教授，我竭盡所能將關注的焦點放在學校內長久以來發生的問題，我最在乎的事莫過於教職員幹勁、老師士氣、學校的文化與環境氛圍，以及學生的行為。數十年來，這些核心議題向來是所有學校的重點，而在往後的幾十年間也將會是重要的議題。也因此，我傾向不去觸碰當日（或當年、近十年間）短暫的熱門議題。

高成效老師不會任由熱門議題轉移他們對真正重要事物的注意力。最好的教育工作者會謹慎運用他們的資源，因為他們清楚許多來自高層的指令價值有限。有了這些作為背景，我現在要躡手躡腳涉足鯊魚為患的水域了——標準化測驗。

不讓考試主宰學校

一般人往往容易在政治或宗教的話題上憤慨激昂的爭論，但如果你聽見老師們會爭論某話題，並想擴大戰局，那就問問他們對標準化測驗的看法吧。標準化

指定測驗在某些州已經實施數十年，目前這個制度仍在各地持續演進，測驗的內容會變動，測驗日期也會更改，有時也可能加入或排除不同的年級參與；此外，開放式的評分方式也即將實施。關係到這些標準測驗的各種改變都會帶來一些機會，讓我們可以討論改變的優點，以及這類型標準化測驗的好處。

老師們對標準化測驗也持有不同的觀點，不過無論觀點為何，我們都必須面對標準化測驗。這時我們該怎麼做？

首先，我們必須停止爭論標準化測驗的優缺點。我們必須將焦點從強烈的個人信念轉移開來，專注在行為上；如果我們能在行為上達到共識，就能擺脫個人的觀感，往和諧之路邁進。猶如兩位家長即使對管教有不同的想法，但仍可以對成功所必備的行為達成共識。

若我們將不同組合的團體——教師、家長、行政人員、董事會成員、學生、

> 如果我們能對成功必備的行為達成共識，就能擺脫個人觀感，往和諧之路邁進。

社區代表——聚集在一起，也許會驚訝地發現彼此竟然如此有共識。以下是一個練習題，我們來詢問所有人（無論集體或個體）幾個關鍵問題。

第一個也是最重要的問題是：

◆我們的學校該做什麼？

相信我們會得到許多相同的答案，雖然有些人可能會強調教授數學或體育、藝術或技術，但對於學校該做什麼，不同的團體組合通常都會有相同的見解。我們以一個大圓圈代表這個部分，正如圖表1。

圖表 1

現在，讓我們問同樣一批人第二個問題：

◆標準化測驗測量的是什麼？

雖然大多數的全州測驗標準已經被清楚明定了，但大家對它們真正能測量的事物卻持有各種看法。不管這些看法為何，且讓我們以另一個小圓圈表示。圖表2就是與大圓圈相互重疊的這個小圓圈。

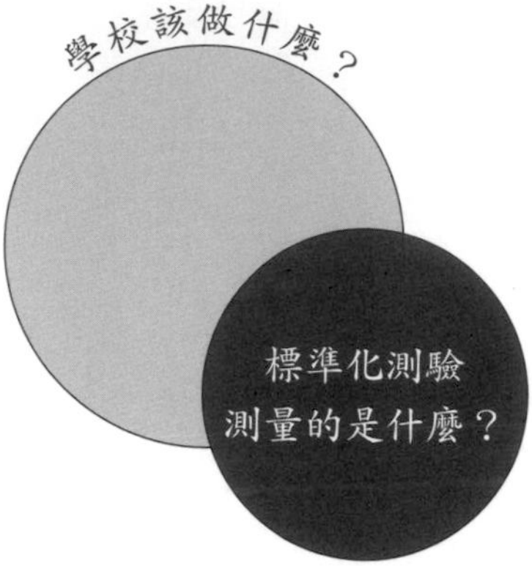

圖表2

問問你的同事，他們是否認為這兩個圓圈基本上說明了他們對「學校該做什

麼」與「標準化測驗測量的是什麼」兩者關係的看法。在他們回答前，也許有些人會認為第二個圓圈或兩者重疊的部位應該更大一點（或更小一點）……請不要陷入細節的爭辯，重點是確認他們是否同意第一個圓圈就是你們學校的信念。

接下來是重要的步驟：將注意力從看法與信念轉移到行為上。無論我們如何看待小圓圈與大圓圈的關係，身為教育工作者，我們必須在小圓圈內取得成功，否則就等著小圓圈變成我們的大圓圈（圖表3）——而相信學校裡沒有人會希望如此。

圖表3

即使是最不相信標準化測驗的老師，如今都有了努力的動機，讓學生在這方

面達到成功。無論我們怎麼想，最終都必須將重心放在同樣的行為上，朝相同的目標邁進，而當我們帶領學校邁向成功時，就能維持個人對於測驗優點的信念了。

標準化測驗只測量了學校責任的一小部分，高成效的老師會將注意力放在邁向成功的行為上，而非阻礙成功的信念上。高成效的老師不會讓標準化測驗主宰整個班級。

提升測驗成績！

許多人都曾參與過這類會議：會議中，行政人員講得口沫橫飛，嚷嚷著學校必須改善全州標準化測驗的成績。「提升測驗成績！」這句台詞我們再熟悉不過，不禁讓我想起田徑教練嘴裡大喊：「跑快一點！」如果我們希望運動員跑快一點，那我們就得教他們怎麼樣才能跑得快，這種道理也適用在提升測驗成績上。

在會議中該如何回應這種長篇大論，是我們必須考量的層面之一，但更關鍵的是，我們該怎麼做——也就是我們要如何過濾事情。如果有人問：「會議進行得如何？」我們可以回答：「還可以。」（甚至說：「還不錯啊，謝謝關心。」）當然，我們還是會努力提升學生的成績，並且避免對他人散播不滿情緒。

即使標準化測驗是我們所碰過最具爭議性的話題，有些老師永遠也不會讓個人觀點影響自己與學生、家長、甚至同儕間的討論，當然也有些人選擇繼續對爭議話題搧風點火。我們可以決定什麼要與人分享、什麼可以避而不談。

客觀看待標準化測驗

有一項研究探討標準化測驗成績高出預期的學校（Turner, 2002），這些學校的教育工作者的觀點讓人耳目一新。校內的教師與校長並不相信測驗的價值超越其他事物，他們只是理解測驗結果對其他人具有重要性，也完全清楚標準化測驗的成功能帶給他們更多自主權，讓他們可以為學生做他們認為最好的事。這些教

育工作者也明白，對於改善與編排課程來說，測驗成績和州級標準能夠給予有力的支持背景。對許多老師而言，在進行州級授權指定的測驗以前，教科書就是他們的課程；州級標準迫使教育工作者將焦點轉移至課程內容，協助我們將注意力放在學習過程中學生真正遇見的問題。

然而在本研究中，相對於標準化測驗表現較差的學校教育工作者來說，高成效的教育工作者會以更寬廣的面向描述學生的成就，而無論社經背景為何，表現不佳的學校都只會以測驗成績來判定學生的成就。高成效的校長及老師（他們的學校也擁有形形色色的學生）會提及測驗成績，但也會列舉社群技能、自我價值、行為舉止、責任感、校內參與度等諸如此類的特性，當作學生重要的成就。

高成效的教育工作者也知道將標準化考試視為學校的重心，會有什麼樣的風險。如果你們學校將核心重點放在標準化考試，那你最好祈禱這套標準永遠都不會變，因為一旦標準改變，課堂與學校都將失去重心。反之，如果每個決定都基於「做出對學生最好的事」，那麼當全新的指令和方案開展時，你就可以檢視它們是否符合你已經在做的那些對學生最好的事。

你想提升學生的成績嗎？

我曾經合作過的一所中學請我協助他們提升學生的全州測驗成績。通常我會拒絕這種要求，不是因為我欠缺這塊領域的經驗——我曾任職校長的學校在標準化測驗中拿過相當高的分數——而是因為我想將焦點放在更迫切的問題上。不過，因為我之前曾有其他機會與這所學校合作過，於是我同意協助他們。

但是我首先要求與他們的教職員會面。會議中，我詢問老師們一個問題：「你們真的有興趣提升學生的閱讀能力嗎？有興趣到讓你們願意改變課程的教法？或者你們之所以想要提升測驗成績，是因為如此一來，你們就不必改變你們的課程教法？」

這真的就是教育的精髓了，這個問題決定了我的課堂會如何：是以課表為主，還是以學生為主？我是否高高舉起標準站在終點線，然後望著學生盡他們最大的能耐在跑道上奮力奔馳？或者是站在他們身邊，協助他們發展所需的技能？好老師深諳其中的差別。

第二十章

讓在乎變得很酷

◎ 好老師對學生動之以情，再曉之以理。
他們知道行為或想法都會受到情感掌控，
也瞭解情感的力量能引發最大的改變。

高成效老師擁有強烈的核心信念——這些信念是他們決策的原則、分辨好壞的標準、也為他們訂立當學年展望的目標。我想和大家分享在我當老師和校長的那幾年所遵循的核心信念，我明白這些都很個人，而且每個人都必須建立自己的信念。我以三點說明自己的信念；其一，核心信念可以很簡單。第二，信念如果愈清晰，就愈能朝目標方向努力。最後我想說明，這些信念如何支持了我們在課堂與學校的工作方式。

擁有很「酷」的課堂

我的核心目標很簡單也很複雜。我希望**讓「在乎課堂與學校」變成一件很「酷」的事**，我希望每個人——包括學生、老師、職員、家長——都認為在乎是件很酷的事。諷刺的是，我不認為我曾與任何人分享過這個目標——也許是因為這聽起來太簡單了，大家可能會嘲笑我的目標，也許是我想提高目標實現的機會。就像在「紅絲帶週」①喃喃複誦著「你我一起遠離毒品！」或許有用、或

許沒用，不過我很肯定，當孩子到了某個年齡，這種口號就會失去效果，而大肆宣傳自己的目標，也讓我有同樣的感覺。

在本書中我們偶爾提及教育的趨勢，有些趨勢也許具有正面持久的功效，有些可能在事後看起來顯得愚昧。我經常接到學校和各學區打來的電話，要求我協助他們實施某個方案或達成某些目標，這種任務往往與最新的趨勢或政策方向有關。無論我是否同意協助，我都希望教育工作者能夠瞭解，敦促教職員去進行某些特定的計畫，價值是相當有限的，關鍵反而應該是**打造出整體環境，來支持所有人的努力**、**成就正確的事**。如果在一個環境中，每個人都願意做對學生和學校最好的事，那我們就不會作出錯誤的決定。鼓勵大家遵循目前的教育趨勢無可厚非，但激勵大家做出正確的事，才是不可或缺的。

最好的老師能在課堂上達成這個目標，他讓學生們願意而且非常在乎學習、在乎老師，也在乎彼此。一旦讓「在乎」變成很酷的事，那就沒什麼事辦不到

---

① 紅絲帶週（Red Ribbon Week）：美國防治煙酒毒害的宣導活動，通常於每年十月舉行。

了。本書所提到的，例如：以尊敬和莊重態度對待每個人；永遠採取積極正面的態度；以身作則待人接物；瞭解重要的是人，而非方案；跟著最優秀的人作出每個決定等……這些原則都有助於創造出一個讓在乎變得很酷的環境。如果每個老師能每回都以對學生最好為目標來作決定，那麼即使彼此間意見不同，也會做對事情。

一旦創造出「在乎很酷」的環境，就不會作出錯誤的決定。「在乎」是很強烈的力量！想想學校中最優秀的老師吧，只要他們願意，他們能讓任何新方案成功運作，而且無論標準為何，他們也能協助學生達成標準。老師要面對的真正挑戰和成就，就是**讓所有學生都能關心教室裡發生的事情**。

> 一旦老師能創造出「在乎很酷」的環境，就不會作出錯誤的決定。

好老師

在第一章中，我曾提到自己對研究好老師的作法有著高度興趣。我第一次產生這種想法，是來自觀摩一位好老師的上課情況，當時我看見達林接近她的桌子。達林是一名無禮難纏、難以管教、渾身刺青的問題學生，他可以輕易的讓其他學生（與許多老師、甚至校長！）嚇得發抖。這回，達林以毫不掩飾的音量說：「老師，我昨晚在寫詩，但寫到第三首時發現幾個字有問題。我想請問您，可不可以幫我……」聽到這裡，我的下巴差點掉到地上！

相信我，達林絕不是喜愛詩歌的孩子，他只是這位好老師的「粉絲」罷了。好老師能讓在乎課堂變得很酷，而且無論焦點為何，學生都會專注其中。當測驗的標準再度變動時，我從來都不擔心這位老師，因為他總能讓學生興致勃勃，也不會失去對大方向的掌握。事實上，他不是在幫學生準備任何測驗或考試，而是在**為學生做好面對人生的準備**——這就是教育的主要目的。與他人融洽相處、以尊重的態度對待所有人、凡事盡力而為……好老師強調了這些特質，他讓學生覺

得在乎是一件很酷的事。

如果我們所有老師都能提升到這個層次，甚至只是努力嘗試這麼做，也會讓教育大有斬獲。如果你也想變身好老師，你就會覺得用心在乎是一件很酷的事。

祝大家聖誕快樂！

在我任職校長期間，有一年我的國中決定認養一間姊妹校，在那所學校中的學前班學生身體有各種缺陷，包括嚴重的肢體障礙。我為我的學生們感到驕傲，他們成為這群小朋友的筆友，在他們生日時寄賀卡，每個月還舉辦主題派對。

假期腳步將近，我們的學生想要為他們所認養的孩子做些不同凡響的事。他們決定募款，為每個孩子添購帽子、手套和運動衫，衣服正面還印有我們學校的校徽。此外，學生們還有個構想：在一整週內，每天都利用早晨的諮詢時間辦活動，每天由五分之一的班級安排特別節目，其他班級則負責參與活動，每個團隊

都有不同的主題攤位——包括套圈圈遊戲、一杯二十五分錢的漂浮沙士、糖果數的猜謎遊戲、甚至還舉辦摸彩，摸中的人可以對副校長砸派餅（幸好不是我）。

所有的攤位收費都不貴，我們的目標是讓每個班級至少能募到十元美金的款項。結果，這些節目大受歡迎，就連最不情願又不積極的老師所帶領的班級，都順利募得預定目標。然後我們收齊款項，為孩子們購買了手套、帽子和學校的運動衫。

學生們利用美術課替學前班的孩子製作賀卡，在家政課烤餅乾，所有的輔導老師幫忙包裝禮物，緊接著，在學前班舉辦盛大派對的日子總算來臨了。我請每位班導師隨意選出一名學生來協助。（但老師們知道在這樣的情況下，「隨意」指的是能從中獲益最多的學生。）樂隊演奏音樂，合唱團歌唱，交響樂表演，然後戲劇班的學生則共同上演了賀歲小喜劇。我甚至讓一名學生穿上我的聖誕老人裝，在慶祝活動中扮演聖誕老人。我們為整場派對錄影：肢體有嚴重缺陷的學生坐在聖誕老人的腿上（或者盡可能靠近他身邊坐著），所有人都陶醉在音樂中，我們的學生自然大方的主持節目娛樂學前班的孩子，興奮的孩子忙著拆禮

物，這真是很特別的體驗。

兩天後，在我們全校例行的集會上推出數個大螢幕電視，播放那場派對的錄影帶，大家都能看見我們是怎麼將愛心與喜樂帶進這群小朋友的生命，他們能看見自己「認養」的特殊孩童喜出望外地看著聖誕老人的眼睛。當學生看著螢幕上這群有嚴重障礙的孩子擁抱自己的同學時，眼淚便滾滾滑落，最後，禮堂裡幾乎每個人都眼泛淚光，而他們還只是一群國中生！

影片播畢後，舞台簾幕拉開，站在台上的正是咱們學前班的特殊朋友，他們全都穿著一模一樣的運動衫，上面印有我們學校的校徽和吉祥物，對我們唱著聖誕歌曲。禮堂裡的所有人都不會忘記這一幕，這種特殊時刻就是教育真正重要的部分。

一整週內，學校中沒有任何爭吵，不再有學生被送進校長室，也從未聽說有學生嘲笑自己校內肢體障礙的同伴。整個活動對學生產生巨大的影響，連帶對消極的教職員也引發了效應，往後只要我們打算以學校名義進行某件事，所有的輔導老師都會樂意捲起衣袖參與。就如我所說的，一旦在乎變成很酷的事，就幾乎

沒什麼事是辦不到的了。

誰是傳奇？

在一所好學校裡，老師之間會流傳著其他師生們做過什麼了不起的事，他們口中所謂的英雄，就是對學生產生最大影響力的人。在我曾經參訪的一所學校裡，校內的傳奇人物是幾位非常關懷學生個人與家庭需求的老師，這些老師每天都很早到學校，必要時待到很晚，給予學生個別的協助。

有些人會盛傳老師以尖酸刻薄的話語打擊學生的故事，有些人則推崇鼓勵學生振作的老師，但每位教育工作者都必須知道哪些老師是傳奇人物。高成效的領袖總是致力於**讓最優秀的老師擁有備受尊崇的待遇**，若希望學校能成功的發展，建立起這樣的教育環境是不可或缺的。

我最近與一所學校合作，在這所學校裡，不專業的態度與行為相當普遍。教職人員會貶抑學生，甚至認為當掉學生可以顯示出老師的優越感。為了改變這種

文化，我與該校八名最頂尖的老師會面討論對這種態度與風氣的憂慮，他們皆同意我的觀點，卻不知道該怎麼辦。最後有位老師問我，他們是否該勇於正視負面消極的老師？對此，我回答他們優秀老師在類似情況下會怎麼做。我在一所運作不正常的學校擔任新校長時，許多教職員習慣性說出諷刺貶損人的話——不僅是揶揄而已，而是更傷人的負面言論，當這種事發生時，某位老師的反應特別引起我的注意。當她的同事們賣弄不恰當又傷人的幽默感時，她並沒有與他們正面衝突——她只是沒有笑。

「這也是我要你們做的事，」我告訴這群憂心忡忡的老師：「不管其他人做什麼，你們只要做正確的事就對了。」不管發生什麼情況，好老師都會做正確的事。

先動之以情，再曉之以理

我們往往傾向於將理性的邏輯當作行為的驅動力，例如「這次隨堂考佔了十

分哦。」「如果你們每個人都同時說話，就沒人聽得見了。」「報名大學課程吧，會讓你們的成績單更亮眼。」這無可厚非，但我們必須瞭解情感因素也很重要。時代日新月異，我們會要求學生探索各種資訊或技能的新奇領域，也試著將新材料與熟悉的事物做連結：「『分數』就好像將一塊披薩分成好幾個等量的切片，而『餘數』就像在派對上的每個孩子都拿兩塊餅乾之後，盤子上最後剩下的那幾塊。」但新鮮事物與熟悉事物之間的橋樑搖搖欲墜，結果，出於恐懼，許多學生和成人都不敢嘗試新東西——也許是怕失敗或丟臉，誰知道呢？也許連他們自己也不知道。不過如果想克服這種障礙，我們就得訴諸情感的力量。

想想害怕坐飛機的成人吧。我們可以列舉諸多事實證明搭飛機比開車安全，但這些理由對他們來說可能不具說服力，他們或許同意這些事實，但不想離開地面的原因無關乎理性，只是單純害怕罷了。然而，如果有緊急情況發生，他們必須盡快趕到遙遠的地方，那麼也有可能勇敢的搭上飛機，因為他們的情感克服了不理智的恐懼。

當我們想貼近學生的心靈、將訊息和知識傳遞給他們，也可以使用的相同

方法。老師如果能**增加與學生情感上的互動**，那麼就更可能貼近他們的內心世界。當然，我們可以訴諸邏輯理性的說法，跟學生們解釋為什麼應該注意聽老師說話並尊敬師長，但對許多學生而言，光這麼說不會管用。我們很容易就以為無法管教某位或某幾位學生，直到與他們在情感上建立互動，才能開始教導他們理性的部分。好的教育工作者知道行為與想法都與情感密不可分，也知道情感的力量能促成很大的改變。

> 老師如果能增加與學生在情感上的互動，那麼就更可能貼近他們的內心世界。

我分享一個例子。在我成為八年級（青春期的巔峰！）中心①主任時，當時學校的風氣並不好，好幾位老師都沒有以我認為必要的方式對待學生，而這種態度也被帶進課堂，顯現在與學生的互動上，特別是對外貌或態度不討喜的學生。

我唯一能想到的，就是試圖去理解教職員的情感面。在一位傑出的高中顧問協助下，我們集結了去年到我們學校上學、卻沒有順利畢業的學生。他們沒有什麼嚴重的管教或出席問題，幾乎都是很乖的小孩，是那種容易遭人忽略的孩子，而且他們對學校也不感興趣，既不參與活動也不跟人打交道。

有六名學生同意出席教職員會議，我們告訴他們，唯一要做到的就是誠實以對。接下來的一小時會議中，大家情緒激昂到令人難以置信。學生分享道：他們認為沒有老師喜歡他們，也以為沒人真心在乎他們，甚至不確定有些老師是否知道他們的名字——這聽起來真的挺教人難過的。然而，這時一名最冷漠的老師衝口而出：「如果你當初好好做功課，你現在日子就會好過一點。要是你當初努力點，你就會更成功啊！如果你願意認真念書，也許你就不會被我當掉了！！」

接下來發生的事令人感到震撼——那就是什麼事也沒發生。沒有人同意他的

①「八年級中心」（Eighth-Grade Center）：供美國八年級學生就讀的教育機構，八年級等同於中學，這種教育機構十分重視青少年進入青年之間的轉折階段。

話，也沒人插嘴，我甚至可以感覺到其他老師悄悄把椅子從他身邊挪開。這位老師從原本的負面老師領導角色轉變成完全孤立的狀態，其他教師們也許沒人站出來表達立場，但他們做了一件讓我感到驕傲的事，那就是沒有人笑出來。

好老師會以許多連自己都不知道的方式影響他人，我們所建立的傳統也會不斷延續下去。學生會在乎好老師，因為他們知道好老師也在乎他們。

第二十一章

釐清你的核心信念

每位教師的經驗都是獨一無二的，每個課堂的狀況也各有差異。但好老師們——無論他們在何處教學、教學對象或內容為何——卻有著許多共同點。本書強調好老師的19項特質，也強調了他們所秉持的態度、目標、決定和作法，而這些差異便存在於指引他們工作的核心信念中。本書的論點來自數個研究的發現，以及由非正式的觀察與互動得來的結論。此外，也分享了對我來說相當重要的核心價值。

我遵循某些重要的教學信念，也相信無論課堂上發生什麼事，老師就是一片濾網。我相信老師的特質決定了學校的品質，也同意在任何一所學校裡，有些方案會比另一些方案更容易成功，但我很確定成功的關鍵在於人，而非方案。我也堅持每天都以尊重的態度對待每一個人。

另一方面，對我來說，學校的某些日常慣例並非那麼重要，我一向努力做到準時，但我從來不緊迫盯人，只要老師能有效帶領學生，我就不會時時查看老師是否準時打卡上班。

在我初為人師的頭幾年，校長會要求我們全部的老師每週都得呈交課程綱

要。我每週都勤奮的實踐，花費額外的時間整齊謄寫內容，持續不懈了好一段日子。我也記得這讓我備課的時間變少了。成為校長後，我也從老師手中回收課程綱要——但大約僅維持了兩週的時間。幾經思考，我瞭解到真正重要的是對學生有用的課程計畫，而不是整齊編排給校長看的課程綱要。至少乍看之下，高成效老師與整齊編列的計畫書兩者之間，並沒有太大的關連。當我想起校內最優秀的老師時，我能理解他們勢必將這種要求視為一種麻煩，除此之外，我只是因為其他人這麼做，才跟著要求老師謄寫課程綱要，可是我並沒有慎選良好的行為典範。

當然了，我對事先規劃課程沒有意見，況且審視備課不足的老師是如何準備課程綱要，可能也是個不錯的主意。但是，我仍然決定不要花費老師的時間與精力，而關注在真正必要的事情上，也就是有效與學生建立關係。

當老師是份很棒的工作，除了極具挑戰、變化多端、激勵人心之外，當然也令人筋疲力竭，然而最重要的是，這是一份意義非凡的工作。**我們的影響遠遠超過我們所想像**，我們知道學生會談論我們，甚至我們的同事和整個教育社群都會

談論我們。我們想得到什麼樣的評價，決定權都操在我們手中。

每個老師都會感受到外界的壓力，而在整個學校教育體系中的每個人都有其既得利益，也許每個曾上過學的人也都可以自詡為專家——這並非批評，只是人性使然。然而身為教育工作者的我們，必須遵循我們的核心價值，無論他人要求我們怎麼做，我們都必須**關注對學生有益的事**。

> 無論他人要求我們怎麼做，我們都必須關注對學生有益的事。

有時候，當老師可能是孤單的，即使鎮日與學生為伍，但學生們對這些相處不見得有共鳴；而且雖然我們與一群同事共事，但遭遇困難時，常常也得自己判斷下決定。如果沒有堅定的核心信念，就難以遵循一個穩健的方向。有了核心信念，我們會有安全感和自信，最重要的是，這對我們的學生也會有同樣的支持作用。

這本書不是要教你落入俗套的教學方法，也不是要指引你通往成功教育的窄門，而是讓每個人瞭解優良教育工作者遵循的準則。請不妨將本書視為一張教育理想國的藍圖吧！老師是建築師，課程是地基，而進入其中的學生則讓這棟建築充滿生命力與意義。

每位老師都有他的影響力，然而，只有好的老師能成就英才。

【成為A⁺老師必須知道的19件事】

1. A⁺老師從不忘記：是人決定了學校的品質，而不是方案。
2. A⁺老師在學年剛開始時就設立明確的期許，並且在整個學年間貫徹執行。
3. A⁺老師管理課堂時考慮周詳，言出必行。
4. 當學生行為不當時，A⁺老師的目標是讓這種行為不再發生。
5. A⁺老師對學生的期望很高，對自己期望更高。
6. A⁺老師從來不忘記教學並非只有建立關係。師生關係固然重要，卻不是如同魔豆般的存在。A⁺老師會傾盡全力、帶領前後一致的有趣課程。
7. A⁺老師很清楚三種模式：正事模式、家長模式、兒童模式。他們心知肚明，要是希望學生進入正事模式，大多時刻自己就必須先處於正事模式。
8. A⁺老師是教室裡的「變數」，他們專注於自己能控制的事——也就是他們自身的表現——並努力做到更好。

9. A+老師優先關注學生。他們視野寬廣，能客觀正確的看待一切。

10. A+老師會在課堂和校內營造正面積極的氣氛。他們尊重每一個人，尤其明白讚美的魔力。

11. A+老師會濾除無關緊要的負面情緒，分享積極正面的態度。

12. A+老師努力維繫良好的人際關係，避免傷害學生的個人情感，並願意修補任何可能造成的傷害。

13. A+老師會忽略微不足道的小疏失，也能在不使情況惡化的前提下，對不當行為作出回應。

14. A+老師做每件事都會先擬定計畫和目的。如果計畫的結果不如預期，他們會仔細考慮不同的作法，作出相應的調整。

15. 在下任何決定或嘗試改變作法之前，A+老師會問：「最優秀的人會怎麼想？」

16. A+老師會不斷檢視，對於他們所作的每項決定，誰會覺得自在，誰又覺得不自在。他們把每個學生都當成好學生對待。

17. A+老師設身處地為學生著想，也清楚別人如何看待自己。
18. A+老師客觀看待標準化的考試。他們關注學生真實遭遇到的學習問題。
19. A+老師對學生動之以情，再曉之以理。他們知道行為或想法都會受到情感的掌控，也瞭解情感的力量能引發最大的改變。

優秀老師大不同（增訂版）：
成為A⁺老師必須知道的19件事
What great teachers do differently : nineteen things that matter most

---

作　　者：陶德・威塔克（Todd Whitaker）
譯　　者：張家綺
副 社 長：陳瀅如
責任編輯：李嘉琪（初版）、翁淑靜（增訂版）
封面設計：Bianco Tsai
內頁版型：優克居有限公司、洪素貞

出　　版：木馬文化事業股份有限公司
發　　行：遠足文化事業股份有限公司 (讀書共和國出版集團)
地　　址：231新北市新店區民權路108-4號8樓
電　　話：(02)22181417
傳　　真：(02)22180727
E-mail：service@bookrep.com.tw
郵撥帳號：19588272木馬文化事業股份有限公司
客服專線：0800221029
法律顧問：華洋法律事務所 蘇文生律師
印　　刷：前進彩藝有限公司
初　　版：2013年10月
二版２刷：2024年4月
定　　價：320元
ISBN：978-986-359-884-8

國家圖書館出版品預行編目

優秀老師大不同：成為 A⁺ 老師必須知道的 19 件事 / 陶德 . 威塔克 (Todd Whitaker) 著；張家綺譯 . -- 二版 . -- 新北市：木馬文化事業股份有限公司出版：遠足文化事業股份有限公司發行 , 2021.05
面；　公分 . -- (木馬人文；17)
譯　自：What great teachers do differently : nineteen things that matter most
ISBN 978-986-359-884-8(平裝)

1. 教學法 2. 師生關係

521.4　　　　110003641

木馬文化

木馬文化

木馬文化

木馬文化